AF368637

TRAITÉ

D'ÉQUITATION.

SE TROUVE A PARIS,

Chez
{
Madame **HUZARD**, Imprimeur-Libraire, rue de l'Éperon, N°. 7 ;
MAGIMEL, Libraire, rue de Thionville, N°. 9.
}

TRAITÉ

D'ÉQUITATION.

SE TROUVE A PARIS,

Chez

Madame **HUZARD**, Imprimeur-Libraire, rue de l'Éperon, N°. 7 ;
MAGIMEL, Libraire, rue de Thionville, N°. 9.

TRAITÉ D'ÉQUITATION;

Par DE MONTFAUCON DE ROGLES,

Écuyer ordinaire de la petite Écurie du Roi, commandant l'Équipage de feu Monseigneur le Dauphin.

NOUVELLE ÉDITION,

D'APRÈS CELLE DU LOUVRE.

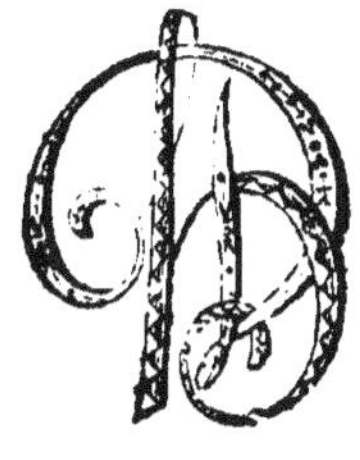

PARIS,

DE L'IMPRIMERIE DE MADAME HUZARD.

1810.

AU ROI.

Sire,

*L'OUVRAGE de mon frère, que VOTRE
MAJESTÉ m'a permis de lui dédier,
est le résultat de plus de trente années
de réflexions et de travail, que son zèle
pour le service de feu Monseigneur le
Dauphin lui avoit fait entreprendre.*

*Encouragé par les bontés de VOTRE
MAJESTÉ, son intention, SIRE, étoit
de lui en faire l'hommage : et il l'auroit
sans doute rendu plus digne de lui être
offert, s'il eût assez vécu pour remplir
le plan qu'il avoit conçu, dans les vues
de seconder le goût naissant de VOTRE*

MAJESTÉ, *pour un Art dont il eut l'honneur de lui donner les premières leçons.*

Tel qu'il est, SIRE, j'ose supplier VOTRE MAJESTÉ de l'agréer, comme un monument du zèle qu'il eut toute sa vie pour le service de ses Maîtres, auquel sa famille est consacrée depuis plusieurs siècles.

Je suis avec le plus profond respect,

SIRE,

DE VOTRE MAJESTÉ,

Le très-humble, très-obéissant et très-fidèle
Serviteur et Sujet,

MONTFAUCON,

Colonel d'infanterie, Écuyer de Madame Adélaïde.

AVERTISSEMENT

DE L'ÉDITEUR.

Je ne chercherai point à prévenir le Public sur le mérite de l'Ouvrage que je lui présente; le jugement d'un frère seroit suspect : je me permettrai seulement de dire, avec tous ceux qui ont connu l'Auteur, que cet Ouvrage est le fruit de trente années d'étude, de travail et de réflexions.

Mon frère entra Page du Roi en 1738. Ses progrès lui méritèrent l'honneur d'être choisi en 1740 pour l'émule de feu Monseigneur le Dauphin dans ses exercices.

Cornette de cavalerie en 1745, il entra deux ans après dans la Compagnie des Chevau-légers de la Garde ordinaire du Roi, où il fut appelé par M. le Comte *de Lubersac*, pour être mis à la tête du Manége de l'École que l'on établissoit alors dans ce Corps.

Écuyer de la petite Écurie du Roi en 1750, il fut attaché l'année suivante à feu Monseigneur le Dauphin. Son zèle pour le service de ce Prince lui fit alors entreprendre d'approfondir les principes d'un art qu'il cultivoit par goût et par devoir. Il voulut fonder sa théorie sur ses propres expériences ; et l'on ne peut exprimer à quel point il les multiplia jusqu'à l'âge de quarante-trois ans, qui fut le terme de sa vie.

Ce qu'il a laisé de rassemblé et d'incomplet sur la Cavalerie fait voir qu'il avoit embrassé dans son plan toutes les parties relatives à son art, comme il le dit lui-même dans la Préface qu'il avoit mise à la tête de son Ouvrage, et qu'on y a conservée.

Il y a lieu de croire que, si la mort ne l'eût prévenu, il les auroit achevées et liées à l'Ouvrage que l'on donne aujourd'hui.

Des gens de l'art en ont trouvé les principes si clairs et si bien développés, qu'après avoir long-temps hésité, je me suis enfin, par leur avis unanime, déterminé à le publier, dans l'espoir qu'il pourroit être utile.

PRÉFACE.

L'UTILITÉ des chevaux est trop généralement reconnue, pour que j'entreprenne de faire ici leur éloge : l'usage continuel que l'on en fait prouve assez le besoin que nous en avons. Cependant, loin de profiter de tous les avantages qu'on en peut retirer, on se prive, en abusant de leurs qualités, d'une partie des services qu'ils pourroient rendre. Pourquoi ne pas chercher au contraire à augmenter ces qualités? Si la nature les donne, l'art peut, en les développant, les perfectionner ; mais pour cela il faudroit une méthode sûre et des préceptes clairs : où les trouver?

Beaucoup de gens ont écrit sur l'équitation, et nous ne manquons pas d'ouvrages touchant cette matière ; il s'agit seulement de savoir s'ils sont bons. C'est sur quoi je ne prononcerai pas ; mon jugement pourroit paroître suspect. Tout ce que je me permettrai à cet égard sera d'assurer que l'expérience que j'ai faite de toutes les méthodes qui sont venues à ma connoissance, en me démontrant la solidité des préceptes que je tiens de MM. *de Salvère* et *de Lubersac*, m'a décidé à donner la préférence à la leur. On pourra croire que les sentimens naturels d'attachement et de reconnoissance pour ceux qui nous ont enseigné, et surtout l'amour-propre qui nous prévient en leur faveur, sont les motifs qui ont déterminé mon choix ; mais les succès des gens de l'Art qui ont adopté leurs principes, et qui se sont acquis la plus grande réputation en les pratiquant, me rassurent et me confirment dans l'opinion où je suis, que leur méthode est la seule qui conduise sûrement au but que tout homme de cheval se propose.

D'ailleurs, pour m'éclaircir davantage de la vérité dans une matière aussi intéressante pour moi, j'ai pris le parti de pratiquer chaque méthode en particulier sur différens chevaux; et ce n'est qu'après avoir comparé les effets qui ont résulté de chacune d'elles que je me suis décidé.

Je mettois mes observations par écrit; et c'est dans le dessein de les rendre plus utiles que j'ai formé le projet de les rédiger : j'ai prévu d'abord tous les obstacles inséparables d'une pareille entreprise; et, sans oser me flatter du succès, mon zèle et l'envie de m'instruire m'ont fait essayer de les surmonter. Je me suis donc mis à l'ouvrage : les contradictions et les difficultés se sont présentées en foule : je suis, à force de travail et de réflexions, parvenu à aplanir les principales ; et, après avoir changé plusieurs fois de plan, je suis venu à bout de réunir sous un seul point de vue les observations qu'une longue expérience m'a mis à portée de faire sur l'art de l'équitation, et de donner à cet ouvrage la forme que l'on voit.

Je l'ai divisé en deux parties : la première traite de tout ce qui concerne la posture du cavalier, et des moyens dont il doit faire usage pour bien mener un cheval confirmé dans l'obéissance des aides.

La seconde présente les moyens de parvenir à donner au cheval cette connoissance, et de tirer le meilleur parti de toutes sortes de chevaux.

J'ai cru devoir placer à la suite une explication de différens termes de l'art, qu'on pourra consulter au besoin.

Enfin, pour rendre ce Traité plus utile, j'y ai ajouté quelques articles dont il est essentiel qu'un homme de cheval soit instruit. Ces articles traitent de l'équipement, de l'embouchure, de l'entretien des chevaux, de la ferrure, de l'économie animale et de la manutention des haras (1).

J'avertis que dans le nombre de ces articles il y a beaucoup de choses qui ne m'appartiennent pas ; il y en a même quelques - uns totalement à d'autres (2). J'aurois pu aisément, en conservant le fond, en changer la forme, et me les approprier ; mais, outre qu'un tel procédé n'est pas de l'exacte probité, ce qui est bien ne peut que perdre au changement : et comme l'essentiel, quand on se propose d'instruire ceux qui ont le désir de l'être, est de leur en procurer les

____

(1) Aucun de ces articles n'étoit fini.

(2) Tout ce que nous imprimons est de mon frère.

meilleurs moyens, j'ai cherché par-tout, et pris dans chaque Auteur ce qui m'a paru le plus propre à remplir mon objet. Si j'ai pu réussir, et que mon zèle, mon travail et mes réflexions puissent contribuer au progrès d'un art que j'aime et cultive depuis mon enfance, mes vœux seront satisfaits, et mes peines récompensées au-delà de mes espérances.

TABLE

Des Chapitres et Articles contenus dans
cet Ouvrage.

PREMIÈRE PARTIE.

DEUXIÈME PARTIE.

Fin de la Table des Chapitres et Articles.

TRAITÉ D'ÉQUITATION.

PREMIÈRE PARTIE.

Instruction du Cavalier.

CHAPITRE PREMIER.

De la Posture du Cavalier.

Avant d'entrer en matière, je crois à propos d'expliquer comment on monte à cheval, et comment on en descend.

Je suppose un cheval sellé et bridé, enfin prêt à être monté ; il est des précautions indispensables pour ne pas l'effaroucher, et pour n'en être pas blessé. Il faut que l'écolier s'approche de l'épaule du cheval, qu'on appelle *du montoir*, pour éviter les coups de pied ; qu'il lui parle en s'approchant, et qu'il le flatte de la main, afin qu'il ne soit ni surpris ni effrayé : il prendra ensuite de la main droite le bouton des rènes, et si elles ne sont pas sur leur plat, il tournera les tourets qui sont au bas de la branche pour les y mettre ; après quoi il lèvera , avec la main droite, le bouton des rènes , jusqu'à ce qu'il sente un peu de résistance : alors il les prendra de la main gauche , et aura attention qu'elles soient un peu flottantes : de là, passant son petit doigt sur la rène gauche et dessous la droite , il les serrera des trois autres doigts , en passant le pouce dessous ; il prendra en même temps une poignée de crins de la même main , en quittant les rènes de la main droite.

On prend les rènes de la main gauche , pour se mettre en état de s'en servir lorsqu'on arrive sur le cheval ; on les tient flottantes , pour que le mouvement qu'on fait en montant ne puisse faire impression sur les barres , impression qui pourroit faire reculer ou renverser le cheval ; mais il faut aussi qu'elles ne soient pas trop longues , afin de le contenir en place.

Restant toujours à l'épaule du cheval, il prendra l'étrivière de la main droite , afin qu'en mettant le pied dans l'étrier il ne donne pas contre le ventre du cheval ; il la tournera sur son plat, afin qu'elle ne l'incommode pas étant à cheval par son entortillement , et qu'il puisse plus facilement raccourcir ou alonger son étrier ; ensuite il mettra le pied gauche dans l'étrier.

Ceci fait, il appuiera le genou gauche contre le quartier de la selle, en tenant la jambe perpendiculairement, pour qu'en montant, le pied n'aille pas sous le ventre du cheval : quittant alors l'étrivière, il portera la main droite sur le derrière de la selle, pour s'aider à monter à cheval : pliant dans cette posture le genou droit, il s'élèvera d'aplomb sur la jambe gauche, jusqu'à ce qu'elle soit tout-à-fait tendue ; et, conservant cet aplomb, il passera l'autre jambe également tendue par-dessus la croupe, pour ne pas la rencontrer et pour enfourcher le cheval : il faut plier le genou droit, pour s'élever plus facilement sur ses deux poignets ; et l'on conservera l'aplomb, afin d'être le maître de ses mouvemens et de mieux résister à ceux du cheval.

En passant la jambe droite, on aura le soin de porter la main droite à la batte de devant, le pouce dessus et le dos de la main tourné du côté du corps, pour éviter de se blesser contre l'arçon : il reste l'étrier droit, dans lequel on mettra le pied le plus adroitement qu'il se pourra, pour ne point inquiéter le cheval, ou qu'on recevra du palefrenier, si l'on en a un pour le tenir.

Pour descendre de cheval, on doit commencer par dégager le pied droit de l'étrier, placer les poignets comme on vient de le voir ; et, portant un peu le haut du corps en avant, tendre les bras et s'élever dessus ; ensuite, par un mouvement de la hanche, passer, sans que le corps se penche, la jambe droite tendue par-dessus la croupe du cheval, de manière qu'elle ne la rencontre pas : la main droite, qui doit suivre le mouvement de cette jambe, se portera sur l'arçon de derrière pour le saisir : en même temps, on tendra la jambe gauche jusqu'à ce que la première soit arrivée à côté de celle-ci, qu'on pliera alors tout-à-fait ; observant que l'une et l'autre, ainsi que le corps et les mains, se trouvent dans les mêmes positions que pour monter. Venons maintenant à notre objet.

Personne n'a contesté jusqu'ici que l'assiette ne fût la partie principale de l'homme de cheval : ce principe avoué, je ne m'étendrai point à en prouver l'évidence. Sans assiette, point de liberté, point de précision dans les mouvemens : il faut donc la bien établir.

Le cheval le plus tranquille, même un cheval de bois, seroit plus propre que tout autre pour donner à un élève la posture qu'il doit avoir, et en même temps la parfaite intelligence des raisons de la position qu'on lui fait prendre. Nous supposerons donc le cheval en repos.

On placera l'élève le corps droit, c'est-à-dire, en position d'être coupé en deux parties égales par un plan vertical, qui iroit du milieu du garrot au milieu de la croupe du cheval.

On lui fera tenir les épaules effacées sans contrainte, également avancées, de sorte qu'une ligne menée de l'une à l'autre rencontrât perpendiculairement le plan ci-dessus.

On le placera le plus près possible du devant de la selle, afin qu'embrassant exactement le cheval, plus étroit en cette partie, il ait plus de facilité pour porter ses cuisses en arrière, ce qui procurera aux jambes plus de degrés d'aides.

On lui fera enfin courber les reins, en les portant en avant, mais sans roideur.

Dans cette attitude, on lui fera ouvrir les cuisses, pour s'assurer que toutes les parties du tronc pèsent également sur leur base ; parce que, s'il résultoit de ce déplacement des cuisses le moindre ébranlement au tronc, il seroit clair qu'il ne pèse pas également sur sa base.

De plus, si de la nuque et des deux épaules on abaisse trois lignes verticales, elles tomberont, la première, sur le coccix, les deux autres, sur les tubérosités des os ischion, recouverts par les muscles qui forment les fesses ; ce qui indique que le tronc ne pèse point au-delà de l'espace occupé par les fesses, qui sont sa base naturelle : et dès-lors l'écolier est établi sur cette base dans le plus parfait équilibre.

Tout ce qu'on vient de dire suppose un cheval en repos, dont les mouvemens vont bientôt déranger cet équilibre de plus d'une manière :

1º. En produisant un balancement dans le tronc du cavalier ;

2º. En faisant varier à chaque instant le niveau de la base, qui, selon les situations que prendra le corps du cheval, inclinera tantôt d'un ou d'autre côté, tantôt en avant ou en arrière ;

3º. En opérant à-la-fois, et très-fréquemment, ces deux effets divers.

Les effets de ces causes destructives de la belle position, et même de l'équilibre, peuvent être prévenus ou combattus efficacement, soit par cette ligne solide et courbe que forment les vertèbres lombaires, lorsqu'on porte les reins en avant, soit par le jeu de ces mêmes vertèbres, soit par ces deux moyens combinés et employés en même temps.

L'élève donc préviendra les balancemens de son corps par la fermeté de ses reins, qui ne pouvant être en cet état sans être selon une ligne courbée, amortiront considérablement, par cette disposition-là même, les secousses du cheval, ou à l'aide de la souplesse et de la flexibilité des vertèbres lombaires, promenant, pour ainsi dire, en tout sens les parties supérieures du tronc, il opposera, selon les circonstances, leur poids aux variations de la base, pour ne point laisser échapper l'équilibre.

Très-souvent encore il sera forcé d'entremêler rapidement, ou de faire usage en même temps, et de la fermeté et de la flexibilité de ses reins ; c'est de ces moyens combinés et employés à propos que résultera cet équilibre, qui est la base de l'édifice en cavalerie.

Ajoutons à ceci qu'il faut faire ouvrir la poitrine à l'élève, pour lui faire effacer les épaules. En les élevant ou les arrondissant, il y mettroit une roideur qui se communiqueroit aux bras et aux mains, les empêcheroit d'agir avec la finesse et la liberté nécessaires.

Quant à la tête, elle doit être droite et d'aplomb

entre les deux épaules, pour pouvoir la tourner avec facilité, et pour qu'en se penchant elle n'entraîne point le corps en avant.

Elle doit être libre et sans contrainte, pour donner à toute l'habitude du corps cet air naturel et aisé, qui est le principe de la grace.

Le menton ne doit point être retiré, ce qui donneroit à la tête un air contraint, ni trop en avant, ce qui donneroit mauvaise grace au corps.

La tête enfin ne doit être ni haute, ce qui empêcheroit de voir devant soi, ni basse, ce qui amèneroit les épaules en avant, ni de côté ni d'autre, ce qui, en dernier résultat, influeroit nécessairement sur l'assiette, et la dérangeroit plus ou moins.

La main gauche tenant la bride doit être placée à quatre doigts du corps et du dessus du pommeau, afin de n'être point gênée dans ses mouvemens, et que le corps n'en soit point dérangé ; elle doit être un peu renversée, de manière que le petit doigt soit un peu plus près du corps que le pouce : cette position du petit doigt fera mieux sentir l'appui du mors : il passera entre les deux rênes par-dessous la droite et dessus la gauche, pour distinguer l'effet de la dernière, comme le quatrième, celui de la première : celui-ci servira de plus, conjointement avec les autres, à renfermer l'une et l'autre rène dans la main, tandis que le pouce sera tendu et appuyé dessus pour les contenir, en laissant tomber leur bout le long des jointures des doigts.

Le poignet doit être plus élevé que l'avant-bras, car en le tenant au même niveau, il se formeroit un creux au-dessous, entre la cheville et le poignet, ce qui lui ôteroit de sa liberté : il doit être arrondi, pour sentir un effet égal des deux rènes ; autrement la rène droite deviendroit plus lâche ; car alors le bas du poignet se rapprocheroit de ce côté, et en tirant du bas de la main, d'un même point, une ligne au bas de chaque branche du mors, la ligne du côté droit seroit plus courte, et n'étant plus touchée dans tous ses points par la rène droite, il est évident que cette rène seroit relâchée, et par conséquent agiroit moins sur le mors.

L'avant-bras formant un angle droit avec le bras sera placé près du corps sans le toucher, l'intérieur tant soit peu tourné en haut.

Il forme un angle droit avec le bras, pour y trouver le point d'appui nécessaire, lorsqu'on a besoin de résister aux efforts de la bouche

du cheval : on le place près du corps sans l'appuyer, pour lui conserver le plus d'aisance et
de liberté possibles : enfin on tient l'intérieur
de l'avant-bras un peu tourné en haut, pour
avoir le petit doigt plus près de soi que le
pouce.

Le bras gauche doit tomber près du corps,
sans le serrer ; la moindre force qu'on mettroit
à cette partie, pour la contenir trop loin ou
trop près du corps, trop en avant ou trop en
arrière, lui ôteroit son aisance.

La main droite tenant une gaule, le pouce
tendu dessus, sera plus haute et plus en arrière que la gauche, pour ne pas gêner celle-
ci : l'avant-bras, le bras et le coude du côté
droit, seront placés comme il a été dit pour
l'autre côté ; et le poignet, sans être arrondi,
sera plus élevé que l'avant-bras.

Les cuisses doivent être tournées sur leur
plat, depuis leur articulation avec la hanche
jusqu'au genou ; le plat des cuisses, en étant la
partie la plus nerveuse, a nécessairement plus
de force et de sensibilité ; d'ailleurs étant moins
charnu, elles seront dans cette position plus as-
surées et moins sujettes à rouler.

Il faut les mettre en arrière le plus qu'il sera
possible, en conservant l'assiette du corps sur

les fesses ; par-là les genoux se trouveront en
dedans et en arrière, et procureront aux jambes
plus de facilité d'agir.

La sensibilité du cheval, relativement aux
jambes, commence près du quartier de la selle ;
c'est vers cet endroit et le long des sangles que
les jambes doivent tomber sans force, et seulement par leur propre poids, tournées en dedans ; si on les tourne en dehors, il est impossible, lorsqu'il faudra les fermer, qu'elles se
fassent sentir auprès du quartier, et c'est par
conséquent plusieurs degrés d'aides de perdus,
puisque la jambe ne commence à toucher le
cheval que vers l'extrémité du mollet, et l'espace qui se trouvera au-dessus jusqu'au genou
sera de nul effet ; mais en les tournant en dedans, tous les points de la ligne pourront se
faire sentir au cheval.

Les pieds doivent être tournés en dedans et
suivre la direction des jambes, sans roideur et
sans forcer les chevilles ; la pointe du pied sera
un peu plus basse que le talon, parce que la
jambe tombant par son propre poids un peu en
arrière, fait nécessairement baisser la pointe
du pied.

On ne doit donner des étriers qu'à l'écolier
qui peut se servir de ses jambes avec aisance ;

la crainte de les perdre partageroit son attention.

Si l'on s'en sert, il faut les placer sous le milieu du pied et non à la pointe, afin de ne pas les perdre dans les mouvemens violens; mais le talon doit être alors plus bas que la pointe du pied, sans toutefois la lever, le milieu du pied s'appuyant sur l'étrier, le poids de la jambe se rejette sur le talon, et c'est ce poids seul qui doit le faire baisser.

C'est de ces différentes positions que dépend l'avancement de l'écolier; ce n'est pas assez qu'il en charge sa mémoire, il faut sur-tout exiger de lui qu'il puisse en rendre les raisons.

CHAPITRE II.

Des Mouvemens de chaque partie du Corps en particulier.

On vient de voir ce qu'on doit faire pour monter sur le cheval; quelle doit être la posture du corps et la position de ses parties dans l'état de repos; on va maintenant parler de chacune d'elles en particulier, afin que, sachant d'abord bien distinctement la manière dont chacune doit agir, on puisse ensuite réunir leurs différentes actions, pour faire exécuter au cheval ce qu'on attend de lui.

Ce qu'on en exige d'abord est de se porter en avant; et comme pour l'y déterminer on se sert des jambes, c'est par elles qu'on va commencer.

Des Jambes.

Pour porter un cheval en avant, il faut fermer le gras des jambes, et les replacer dès que le cheval a obéi.

Les jambes sont la seule partie du corps qui puisse remplir cet objet, en manifestant au cheval la volonté du cavalier; il faut donc les approcher de sa partie sensible. Pour cet effet, on commencera par assurer les cuisses, et on pliera les genoux par degrés, jusqu'à ce que le gras des jambes arrive derrière les sangles, en s'unissant au ventre du cheval; si cela suffit pour le faire obéir, on les replacera. Il faut, en les fermant, que ce mouvement n'attire pas le corps en avant, car elles doivent en être indépendantes, ainsi que des genoux, qui doivent être stables. S'ils remontoient sur la selle ou se tournoient en dehors, ils occasionneroient un mouvement dans les jambes qui communiqueroit leur incertitude au cheval; et, si le corps venoit en avant, il produiroit un ébranlement dans l'assiette qui, se communiquant aux jambes et aux mains, rendroit leur opération difficile et vicieuse. Si le cheval n'obéit pas à cette première aide, on tiendra les jambes fermées au même degré, et on appellera de la langue : cet appel pourra le déterminer par la crainte de la correction; s'il résiste à cet avertissement, on le réitèrera, en fermant un peu plus les jambes.

Comme il est de la plus grande conséquence de n'en venir à la punition qu'à la dernière extrémité, il faut employer auparavant tous les autres moyens, afin de ne pas accoutumer le cheval aux châtimens; c'est pourquoi on doit encore réitérer l'appel de la langue, en fermant les jambes de quelques degrés de plus, sans pourtant lui faire sentir les éperons.

Si le coup de langue ne produit pas son effet, alors on achèvera de fermer les jambes, et l'on appuiera ferme les éperons dans le ventre, en répétant le coup de langue; car lorsqu'on a épuisé tous les moyens possibles de douceur, et que le cheval y résiste, la correction est indispensable; l'impunité le rendroit vicieux, ce qu'il faut éviter; et, afin de le rendre une autre fois plus sensible et plus obéissant aux aides, il faut laisser les éperons un temps dans le ventre ; mais il est essentiel alors de ne pas le tenir de la main, et d'avoir la ceinture en avant et les reins bien soutenus, pour donner de la stabilité au corps qu'on mettra un peu plus en arrière que de coutume, afin d'assurer l'assiette. Par la même raison, on mettra ses genoux le plus en arrière qu'on pourra, afin de mieux embrasser le cheval et d'avoir plus de tenue, s'il venoit à sauter. Après la correction, on ramènera ses jambes peu-à-peu à leur position.

Avant d'entrer dans le détail des autres actions des jambes, il faut savoir ce qu'on entend par la dénomination de jambe de dehors et jambe de dedans.

Aller à main droite dans un manège, c'est lorsque, suivant un des côtés, le mur le plus près de soi se trouve à gauche ; ce côté se nomme *le dehors*, et le côté droit se nomme *le dedans*. Ainsi, par cette distinction, on doit comprendre que la jambe et la rène de dehors se trouvent entre le mur et le cheval, et que la jambe et la rène de dedans se trouvent en dedans du manège. Il en est de même à main gauche, en se servant des expressions de rène et de jambe de dedans, pour la rène et la jambe gauches, et de dehors, pour la rène et la jambe droites. Ceci expliqué, revenons aux opérations des jambes.

Pour tourner le cheval à main droite, il faut fermer la jambe de dedans, qui est, comme nous venons de le dire, la jambe droite, afin de porter le cheval en avant, et obliger ses hanches à suivre la ligne que ses épaules décrivent; si en même temps on fermoit la jambe de dehors, elle ne feroit que donner de l'inquiétude au cheval, au lieu de le contenir droit.

Allant à main droite, pour porter son cheval à gauche, on fermera la jambe droite; c'est par la jambe de dedans qu'on oblige les hanches, dans cette opération, à se porter en avant et à gauche, en même temps que la main y porte les épaules.

Allant à main gauche, pour le tourner à gauche, il faut fermer la jambe de ce côté, qui est alors la jambe de dedans.

Marchant à la même main, pour le porter à droite, on se servira aussi de la jambe de dedans, pour l'obliger à porter les hanches à droite; et à l'une et à l'autre mains, on aura l'attention de ne s'en servir que proportionnément à la sensibilité du cheval.

On voit par-là, qu'à quelque main qu'on marche, il faut se servir de la jambe de dedans, soit pour le tourner en dedans, soit pour le porter en dehors.

Pour concevoir ce que je viens d'avancer sur les actions des jambes, il est bon d'expliquer ici tout de suite celles que doivent faire les mains, afin de pouvoir accorder ensemble leurs différentes opérations, puisque l'accord parfait des unes et des autres est absolument nécessaire.

Des mains.

1°. Allant à main droite, tenant la bride de la main gauche, il faut, pour tourner le cheval à droite, commencer par soutenir la main, c'est-à-dire l'élever en arrondissant le poignet, et placer le petit doigt plus près de soi que le pouce.

On soutient la main, afin que le mors fasse effet sur les barres; et, pour augmenter cet effet, on approche le petit doigt plus près de soi que le pouce, en renversant la main.

2°. Il faut porter la main en avant et par degrés; cette action est nécessaire pour soutenir le devant du cheval, sans que l'effet du mors l'arrête; la main élevant l'embouchure relâche la gourmette, et conséquemment diminue l'effet du mors sur les barres; en tirant la main à soi, il est certain que les yeux du mors, qu'on appelle *du banquet,* et auxquels sont attachés

et l'*S* et le crochet où tiennent les deux extrémités de la gourmette, au lieu de s'élever,
comme je viens de le dire, se portant en avant,
attirent à eux la gourmette, et par conséquent
la raccourcissent et lui font faire avec l'embouchure, si je puis m'exprimer ainsi, à-peu-près
la même action sur la barbe et sur les barres,
que feroit une tenaille qui serreroit ces deux
parties. Si cette comparaisou n'est pas absolument exacte, elle servira du moins à faire sentir la différence de l'effet du mors et de la gourmette, lorsqu'on soutient la main en la portant
en avant ou lorsqu'on la tire à soi ; on doit la porter en avant par degrés, pour éviter les saccades
et trouver le point juste de la sensibilité de la
bouche, en renversant un peu la main.

3°. Il faut porter à la main droite, en la soutenant toujours comme on vient de le dire.

On doit sentir que, si on ne portoit pas la main
à droite, voulant y faire tourner le cheval, il ne
s'y porteroit pas de lui-même ; ainsi, pour y déterminer les épaules, on y portera la main jusqu'à ce qu'il ait obéi, et on soutiendra le poignet, parce que, si le mors ne faisoit point
d'effet, le cheval ne pourroit connoître notre
volonté, que la main seule peut lui indiquer
dans cette circonstance.

4°. Il faut, pour cette opération, arrondir le poignet selon le besoin, afin de conserver la distinction de la rène gauche et de la droite, qui alors ont chacune leurs fonctions particulières; par cette position, on se met plus à portée d'augmenter l'action de la rène droite, puisqu'on la raccourcit par ce moyen, ou de diminuer l'action de la rène gauche, qu'on peut plus aisément relâcher.

Chaque fois qu'on sera obligé de tourner le cheval, on aura soin que les opérations des mains commencent par le poignet; que cette action passe successivement du poignet à l'avant-bras, de celui-ci au coude, et insensiblement à tout le bras; car la finesse à cheval n'est autre chose que la liaison des mouvemens qu'on est obligé de faire, et qui, se succédant par ordre les uns aux autres, deviennent, pour ainsi dire, insensibles aux yeux des spectateurs.

Il faut que le bras se détache du corps, ainsi que le coude, plus ou moins, selon le besoin, parce que, s'il y étoit collé, il en résulteroit qu'en portant le poignet à droite ou à gauche, si ce mouvement n'étoit pas suffisant pour tourner le cheval, on seroit forcé de pencher le corps pour achever l'opération, ce qui peut-être ne suffiroit pas encore; mais supposé que

2 *

le cheval voulût bien obéir, ce mouvement forcé du corps dérangeroit sûrement l'assiette et rendroit l'exécution vicieuse.

5°. Pour porter le cheval à gauche, au lieu de porter la main à droite, comme ci-devant, on la portera à gauche, en se servant des mêmes moyens.

Après avoir dit ce qu'il faut faire pour porter son cheval en avant, et le tourner à droite et à gauche, il paroît naturel d'indiquer ce qu'on doit observer pour le faire reculer ; c'est ce que nous allons voir.

1°. Pour reculer le cheval, on renversera le poignet un peu plus que lorsque la main est placée.

On le renverse pour avoir le petit doigt plus près de soi que le pouce, et parvenir à l'effet que les rênes doivent faire sur l'embouchure et sur la gourmette. On vient de voir ci-dessus celui qu'elles produisent sur les parties où elles portent. Si on n'approchoit pas le petit doigt de soi, en renversant le poignet, l'embouchure ou la gourmette pourroient ne point faire l'effet nécessaire pour reculer.

2°. Il faut élever le poignet jusqu'à ce qu'on trouve le point de sensibilité qui fait reculer le cheval ; l'action de la main, n'étant point proportionnée à cette sensibilité, pourroit le faire renverser ou ne pas le faire reculer.

3°. On doit l'élever perpendiculairement, afin d'éviter la rencontre du corps; faute de la distance nécessaire, la main se trouveroit dans le ventre, qu'elle contraindroit à se creuser; les vertèbres se relâcheroient, et par conséquent les reins sortis de leur vrai point d'appui ne pourroient plus conserver l'assiette qui, une fois dérangée, communiqueroit son ébranlement à toute la machine.

Pour arrêter le cheval, on emploiera les mêmes moyens que pour le reculer, mais à un degré moins fort.

Rendre la main à un cheval, c'est ne plus sentir l'effet du mors. On rend la main pour rafraîchir les barres, en leur ôtant la pression de l'embouchure que produisoit l'action de la main. Il faut marquer d'abord un demi-arrêt, c'est-à-dire que le mors doit moins agir sur la bouche que dans l'arrêt, et un peu plus que pour contenir le cheval dans son équilibre ordinaire. Ce demi-arrêt sert à alléger le devant du cheval et à lui faire prendre un point d'appui sur les hanches, afin que, se trouvant par-là en équilibre, il n'augmente point son train lorsqu'on lui rendra la bride; ce qui arriveroit im-

manquablement en le laissant sur les épaules ;
d'ailleurs il pourroit alors broncher et tomber,
n'étant plus en force pour se soutenir.

Après le demi-arrêt, on baissera la main insensiblement sans la changer de position, jusqu'à ce que le mors ne fasse plus d'effet.

En abaissant la main insensiblement et par
degrés, on a plus de facilité d'arrêter le cheval,
s'il augmentoit son train ; car en jetant la bride
à coup, on court risque en la reprenant de
ne point trouver assez tôt le point nécessaire
pour l'arrêter s'il va trop vite ; et ce qui est
encore plus dangereux, on la reprendroit peut-
être trop vivement et trop courte, ce qui sur-
prendroit le cheval, étonneroit sa bouche et
pourroit le faire renverser.

La main, en se baissant, ne change point de
position, afin de conserver les rènes égales ;
d'ailleurs si, en baissant la main, on tournoit
les ongles du côté de l'encolure, il s'ensuivroit
que le petit doigt se trouvant plus éloigné du
corps que le pouce, la main auroit plus de chemin à faire pour arrêter le cheval en cas de
besoin, au lieu qu'en l'abaissant comme elle se
trouve placée, on est plus à portée de l'arrêter,
et avec moins de mouvement et d'effort, puisque
la correspondance de la bouche et de la main

réside dans le petit et dans le quatrième doigt, et que c'est à eux par conséquent à diriger l'opération de l'arrêt.

Pour replacer la main, on la relèvera d'aplomb et insensiblement, afin d'éviter les saccades, et à mesure qu'on la lèvera, on rapprochera le petit doigt du corps.

Pour rendre la bride de la main droite, il faut prendre le bout des rènes avec les quatre doigts de cette main, de manière que les rènes posent sur la seconde jointure de l'index, où elles seront contenues avec le pouce tendu ; la main droite doit être tournée de façon que chaque jointure de ses doigts réponde aux mêmes jointures des doigts de la main gauche.

De cette position, en soutenant le poignet plus haut que l'avant-bras, on élèvera la main à la hauteur de l'estomac, en tournant les ongles vers le corps, sans pour cela déranger la main gauche, dont on ôtera seulement le pouce de dessus les rènes ; ensuite la main droite marquera le demi-arrêt, après lequel la main gauche quittera les rènes et se portera de côté pour laisser à la main droite la liberté de se baisser par degrés et insensiblement.

Lorsqu'on aura rendu la main de la main droite pour la replacer, on l'élèvera d'aplomb jusqu'à ce qu'on sente l'appui nécessaire pour retenir le cheval ; pour lors la main gauche se remettra à sa position , ainsi que la main droite, qui pour cela quittera les rênes.

On doit aussi fréquemment, lorsqu'on rend la bride , soit de la main droite ou de la gauche , faire prendre le bridon de la main qui n'est point occupée , pour marquer des demi-arrêts et empêcher le cheval d'augmenter son train ; observant de le prendre par-dessus les rênes de la bride , si le cheval porte bas , afin d'avoir plus de facilité de lui soutenir ou élever la tête. Si , au contraire , il a l'habitude de tendre le nez , on prendra le bridon par-dessous et entre les rênes , pour avoir la liberté de baisser la main et de contenir sa tête au point où il est nécessaire. Dans l'un et l'autre cas , il faut saisir les rênes du bridon par le milieu , de façon que cette partie se trouvant renfermée dans les quatre doigts , le dos de la main soit tourné horizontalement. Par cette situation , on est à portée de faire agir plus ou moins l'index ou le petit doigt , et de placer ou de porter la tête du cheval , selon le besoin , d'un ou d'autre côté ; le pouce n'a d'autre usage dans cette occasion que de contenir le bridon entre l'index et lui. Lorsqu'on veut lever ou contenir la tête du cheval droite, toute l'action se passe dans les quatre doigts ; on l'augmente dans le premier ou dans le petit, lorsqu'on veut porter le bout du nez à droite ou à gauche. Dès qu'on a rendu la main, on reprend la bride progressivement et on rend de même le bridon ; car l'un et l'autre ne doivent jamais agir ensemble sur les barres ; on le quitte ensuite pour replacer les mains à leur position. On sent bien qu'on ne peut pas faire exécuter ceci à l'élève dès les premières leçons ; c'est au maître à juger de l'instant où il doit l'exiger ; mais dès qu'il l'aura trouvé, il ne sauroit en faire un trop fréquent usage, pour accoutumer l'élève à agir des mains avec liberté, aisance et sûreté.

Il arrive souvent que, par les différens mouvemens, les rènes glissent dans la main gauche, quelque attention qu'on puisse y apporter, et alors se trouvant trop longues dans la main, on est hors d'état d'arrêter son cheval. Pour les raccourcir, il faut les prendre de la main droite, comme ci-dessus, et plus près de la main gauche ; de là on élèvera la main droite d'aplomb, en laissant glisser les rènes dans l'autre main, jusqu'à ce qu'on les ait raccourcies ; alors la main droite les quittant reprendra sa position.

Dans les différentes actions de la main, elle se relâche quelquefois et laisse couler les rênes, de manière qu'elles deviennent inégales ; pour les égaliser, il faut les prendre de la main droite, au-dessus et tout près de la gauche, non comme pour rendre la main, mais le pouce sur leur plat, du côté du cavalier ; et les doigts sur leur plat, du côté des oreilles du cheval, la main au-dessus de la main gauche, le poignet soutenu plus haut que l'avant-bras, le bras détaché du corps et le coude soutenu à la hauteur du poignet ; dans cette position, on l'élèvera perpendiculairement sur la main gauche, en faisant couler la droite sur le bout des rênes jusqu'au bouton, qu'on tirera jusqu'à ce qu'elles soient égales ; lorsqu'elles le seront, on les quittera pour les laisser tomber et replacer la main droite.

Il faut ajuster les rênes toutes les fois qu'elles ne sont point égales, car par-là elles occasionnent assez souvent au cheval un faux pli, qui le contraint et l'oblige à se mettre de travers.

Lorsque la main droite n'est point occupée à tenir une épée, un pistolet ou telle autre arme, et que l'écolier est assez fort, on lui apprendra comment cette main peut servir à placer le cheval; pour cela, il faut la porter au-dessous de la main gauche, entre l'encolure et la rène droite, les doigts tombant naturellement et sans force sur la rène de dedans.

Comme les rènes sont destinées à communiquer notre volonté au cheval, on ne peut le placer en dedans que par le moyen de la rène du même côté; et pour que le mors fasse assez d'impression pour lui amener la tête, il faut faire agir la rène en l'ouvrant et l'attirant à soi du petit doigt qui, par sa situation, s'en trouve plus à portée que les autres. Pour mettre plus de finesse et de liaison dans cette opération, l'action doit commencer par le mouvement du poignet; ensuite le bras et le coude s'ouvrant par degrés obligent le cheval à exécuter ce qu'on lui demande.

Lorsqu'on aura besoin de la main droite pour tourner son cheval de ce côté, on se servira des mêmes moyens, en augmentant l'action et l'effet de la rène droite, en proportion de ce qu'on veut lui porter les épaules en dedans.

Il est très-essentiel de s'accoutumer à se servir également des deux mains; c'est pourquoi on fera très-bien d'obliger un écolier, lorsqu'il travaille à main gauche, de renverser l'opération des mains, en lui faisant tenir la bride de la main droite, de la manière que je l'ai indiqué pour rendre la main, observant de plus :

1°. De la tenir, ainsi que la main de la bride, à quatre doigts du corps; et afin que la gaule ne l'embarrasse point, il faudra la renverser, le gros bout du côté du pouce, et tenir la main fermée.

2°. On tiendra la main gauche plus basse, et à côté de la droite, pour être à portée de placer ou de tourner le cheval, comme on l'a dit ci-dessus, de la main droite, lorsque la bride étoit tenue par la main gauche.

3°. Pour porter le cheval à droite, tenant toujours la bride de cette main, en la portant de ce côté et en avant, on la soutiendra pour sentir la rène droite, puisqu'elle seule détermine les épaules du cheval à se porter à droite.

4°. En même temps on pliera le coude pour soutenir le poignet, et on le portera à droite, en se servant des moyens indiqués pour la main gauche.

5°. Pour arrêter le cheval, on élèvera le poignet perpendiculairement en pliant le coude, comme il a été dit pour la main gauche.

6°. Pour le reculer, il ne s'agit que d'augmenter l'action de la main.

En augmentant l'action de la main, on augmente l'effet du mors sur les barres, et cette pression oblige le cheval à y céder, en se portant en arrière.

~~~~~~~~~~~~~~~~~~~~~~~~~~~~~~~

CHAPITRE III.

Des Moyens de conserver la Posture.

Après avoir démontré la posture du corps, la position de ses diverses parties, détaillé les principales opérations des mains et des jambes, on va donner les moyens de parvenir à l'exécution des principes posés.

Du Pas à la longe.

1°. L'écolier placé sur un cheval auquel on mettra une longe ira droit devant lui et seulement au pas, jusqu'à ce qu'il puisse soutenir cette allure sans déranger sa posture.

Le pas me paroît devoir commencer les opérations, comme étant l'allure la plus douce, et qui dérange le moins l'assiette et les parties qui en dépendent. L'attention de l'écolier, partagée par les mouvemens du cheval, n'est plus
~~~~~~~~~~~~~~~~~~~~~~~~~~~~~~~

appliquée entièrement aux siens , et c'est pour remédier en partie à cet inconvénient qu'il faut conduire le cheval avec une longe , pour ne laisser à l'écolier d'autres soins que d'exécuter ce que son maître lui dira.

Je fais mener le cheval droit devant lui , parce qu'autrement son corps seroit obligé de se prêter à la courbure du cercle , ce qui mettant celui du commençant de travers, feroit glisser son assiette , ou au moins l'obligeroit à employer beaucoup de force pour empêcher ce mauvais effet : or nous avons déjà fait voir combien la force mal dirigée nuisoit à la bonne exécution.

2°. On travaillera à accoutumer l'écolier à contenir son assiette droite sur les cercles ; et pour lui en faciliter l'exécution dans les commencemens , on observera d'en faire décrire au cheval de très-grands : un mouvement plus concentré exige de lui une attitude plus forcée, et conséquemment produit dans celle de l'écolier un dérangement , auquel l'habitude seule , qui ne s'acquiert que par degrés , peut remédier : c'est pour y parvenir , que je veux qu'on diminue insensiblement la grandeur des cercles que l'on fait décrire au cheval , jusqu'à ce qu'on vienne au plus petit qu'il soit possible de décrire, et cela toujours au pas, malgré l'opinion et l'usage de quelques personnes qui y font succéder le trot, avant que l'assiette ait acquis assez de fermeté pour soutenir un mouvement beaucoup plus rude et plus vif. J'ai observé que, bien loin que la méthode que je propose employât plus de temps, elle abrège au contraire infiniment les premières difficultés, en ce qu'elle laisse à l'élève plus de facilité à saisir et à pratiquer les principes qu'on lui donne.

3°. Lorsque, dans les opérations dont nous venons de parler, la posture de l'écolier ne se dérangera plus, il faudra le faire aller au trot.

Du Trot à la longe.

Comme le trot est l'allure du cheval qui, par ses mouvemens secs et multipliés, occasionne le plus d'ébranlement dans la posture du cavalier, pour l'accoutumer à ces espèces de sauts répétés, on lui fera faire de petites reprises, en se conformant à la méthode prescrite pour le pas, c'est-à-dire, qu'on doit d'abord le mener droit, ensuite lui faire décrire un grand cercle, et ainsi du reste.

Je crois qu'il vaut mieux d'abord ne faire

que de courtes reprises : la raison en est que
le trot fatigue beaucoup plus que le pas, sur-
tout dans les commencemens, où on n'a encore ni aisance, ni stabilité. Si donc avant
que l'écolier ait atteint ce degré, on lui fait
faire de longues reprises, il arrivera que, ne
pouvant conserver pendant si long-temps les
forces nécessaires pour soutenir ses reins, il
se roidira, afin de fixer son assiette sur la
selle, ce qui, bien loin de l'assurer, produira
l'effet contraire. En effet le corps étant dans
cet état de tension violente, les secousses du
cheval se transmettent, sans que rien les
amortisse.

Du Galop à la longe.

Lorsqu'il a acquis de la fermeté dans sa posture, il faut, tenant toujours le cheval par
la longe, qu'il fasse quelque temps de galop
en cercle.

C'est principalement par la leçon du trot
qu'on peut espérer de parvenir à assurer la
posture d'un écolier. Il est donc essentiel de
le tenir long-temps à cette allure ; et même,
lorsque ses progrès permettent de le mettre
au galop, pour peu qu'il se dérange, il faut
le reprendre au trot, afin de le replacer.

après quoi , on peut lui faire recommencer un temps de galop , qui doit toujours se terminer par le trot , et enfin achever la reprise par le pas.

Moyens de rétablir dans leur position les parties qui se dérangent.

Les opérations dont on vient de parler ne suffisent pas seules pour procurer une posture assurée , il faut de plus y joindre des moyens pour corriger les défauts que le peu d'usage et l'embarras font nécessairement contracter à un commençant : ainsi , dans le cours de toutes les reprises , on observera successivement toutes les parties de son corps , afin de voir celles qui se déplacent , et y porter les remèdes selon les circonstances , dont je vais indiquer les principales.

Comme l'assiette sert de base et de fondement à toutes les opérations de l'équitation , il est indispensable de commencer par elle cet examen.

En parlant de la position du corps , j'ai dit qu'il falloit imaginer deux perpendiculaires des hanches aux épaules.

Il est assez ordinaire aux écoliers de porter les épaules en avant de ces lignes plutôt qu'en

3

arrière : si l'on s'aperçoit que ce défaut soit habituel , on fera porter et tenir les épaules en arrière de ces perpendiculaires , parce qu'il est d'expérience dans tous les exercices du corps , lorsqu'un défaut est enraciné , qu'on ne peut le corriger qu'en portant un peu vers l'excès contraire , le maître pouvant toujours aisément ramener l'écolier à la vraie position , en le laissant revenir par degrés insensibles au point où le porte sa pente naturelle. Ensuite on doit examiner s'il est droit ; c'est-à-dire , si un côté n'avance pas plus que l'autre ; ce que l'on corrigera , en faisant reculer celui qui avanceroit : mais si l'écolier avoit de la difficulté à se corriger de ce défaut , il faudroit se servir du moyen qu'on vient d'indiquer , en lui faisant porter plus en avant que l'autre le côté qu'il tiendroit trop en arrière.

Ensuite on examinera si les épaules sont égales : si l'une est plus élevée que l'autre , il faut obliger l'écolier à la baisser , jusqu'à ce qu'elles soient toutes deux sur une ligne horizontale : s'il n'exécute pas ce qu'on lui prescrit , il faut l'arrêter , pour lui démontrer que le principe de ce défaut vient de la force qu'il emploie ; il sera aisé de l'en convaincre , en lui

faisant relâcher toutes les parties qui contri-
buent à la roideur de celle-là.

Il arrive aussi quelquefois que l'inégalité des
épaules vient de ce que le corps est penché :
pour lors on y remédiera en le lui faisant porter du côté opposé.

Ce défaut peut aussi venir de ce que l'assiette
n'est pas droite : dans ce cas, il faut la lui faire
jeter du côté opposé à celui où elle roule, jusqu'à ce qu'elle se soit fixée au point où elle
doit être.

Comme la base sur laquelle on doit établir
le corps ne sauroit être fixée par son seul
poids, et qu'il faut y joindre l'aide des cuisses,
on doit, après l'examen du corps, passer à
celui de ces dernières : on remarquera donc si
elles ont conservé la position qu'on leur a dé-
terminée, et si l'écolier, en employant de la
force dans cette partie, ne les auroit pas dé-
placées : si cela étoit, en les faisant relâcher,
on les lui replacera ; mais si malgré cela il
continuoit d'y employer de la force, on les
lui fera lever de dessus la selle, et tenir dans
cette position le plus de temps qu'il le pourra,
sans que son corps se dérange, quoique le cheval soit en mouvement ; car si le corps se dé-
place, il doit les remettre sur la selle pour le

rassurer, et ensuite, il recommencera l'opération, et il la répétera autant de fois et aussi
long-temps qu'on le jugera nécessaire : le corps
replacé, on les lui fera tourner en dedans, et
reculer le plus qu'il sera possible, sans que
le corps se porte en avant, ainsi que nous
l'avons déjà dit. Il vaut mieux se relâcher à
l'égard des cuisses qu'à l'égard de l'aplomb;
puisque sans lui on ne peut diriger aucune
action avec sûreté : au reste, on ne doit point
s'attendre qu'on puisse, dans les premiers
temps, placer les cuisses au point où elles
peuvent et doivent être; on ne sauroit y arriver qu'insensiblement et par des efforts réi-
térés, qu'on n'obtiendra de l'écolier, qu'à force
de réveiller son attention sur cet objet par
de fréquens avertissemens : c'est au maître à
sentir le degré où l'élève peut atteindre, et
à ne pas en exiger davantage. La conformation de l'écolier doit être la règle du maître;
car il est des hommes qui peuvent, étant à
cheval, reculer les genoux presque sous la
ligne des hanches, en conservant sur celles-ci
l'aplomb des épaules, et conséquemment leur
assiette ; mais il en est aussi qui, faute de souplesse dans leurs muscles et leurs nerfs, ne
peuvent approcher aussi près de ces perpen-

diculaires. Si on exigeoit de ces derniers que les genoux fussent reculés au même degré que ceux des premiers, ils ne pourroient y parvenir qu'en se roidissant et en portant le corps en avant, ce qui leur feroit perdre nécessairement de leur assiette.

Après l'examen des cuisses suit naturellement celui des jambes, qui, ainsi qu'il a été dit, doivent être tournées en dedans, tombantes le long des sangles par leur propre poids. La roideur doit être exclue de toutes leurs opérations : pour la corriger, on se servira du moyen indiqué ci-dessus pour les cuisses ; la peine que l'écolier prendra à élever celles-ci lui laissera moins de facilité de mettre de la force dans les autres : mais si ce remède n'est pas suffisant, et qu'en les replaçant on s'aperçoive, après plusieurs épreuves, qu'il continue à y mettre de la roideur, il faut recourir à d'autres moyens. On cessera, pendant quelque temps, de les faire tourner et tendre au point qu'on les désireroit ; on leur donnera de fréquentes occasions d'agir, en faisant souvent tourner le cheval à droite et à gauche, ou en faisant monter des chevaux durs et paresseux, enfin en faisant exécuter toutes les opérations où les jambes ont le plus de part , l'habitude et l'obligation d'en faire usage donneront , avec le temps , à l'élève , la souplesse et la liberté , que son application seule n'auroit pu lui faire acquérir.

Il est aussi quelquefois des jambes si flasques , que , semblables à deux balanciers , l'action du cheval produit en elles un mouvement continuel : pour corriger ce défaut , qui donne par leur frottement une incertitude continuelle au cheval , il faut obliger l'écolier , par des avis répétés , à étendre ses genoux le plus qu'il pourra , en lui recommandant de les tourner beaucoup en dedans : ces deux actions le forceront à employer dans cette partie une portion de force qui pourra fixer le mouvement involontaire de ses jambes. Si ce moyen ne produit pas tout l'effet qu'on s'en est proposé , alors on donnera à l'écolier un cheval sensible : les jambes par leur balancement , lui communiquant leur incertitude , le tiendront dans une action continuelle , et occasionneront des mouvemens précipités et multipliés : il sera aisé de faire voir à l'écolier que la cause en est dans l'ébranlement de ses jambes , et que , pour les contenir , il faut qu'il emploie un peu plus de nerf et de force , quoiqu'il puisse en résulter un peu de roideur pour le moment, mais qui par la suite ne fera aucun tort à leur liberté, si on n'emploie ce moyen que pendant le temps nécessaire.

On examinera ensuite si les pieds sont demeurés dans leur position naturelle : quelquefois, et cela malgré la plus grande attention, il arrive que, n'étant pas maîtres de notre posture, la force que nous voulons employer dans une seule partie se communique à une autre ; dès-lors elle la roidit : c'est pourquoi on remarque en général dans tous les commençans, que la force qu'ils veulent employer dans les cuisses pour se tenir se communique aux jambes, de celles-ci aux pieds ; et contraint par-là ces derniers à sortir de leur état naturel, soit en forçant les chevilles, soit en élevant la pointe, ou en la baissant ; inconvéniens qui tous diminuent l'aisance, ainsi que la liberté des aides. Pour remédier au dernier de ces défauts, on se contentera d'abord de faire élever la pointe du pied jusqu'au point donné pour sa position ; si cela ne suffisoit pas, il faudra y remédier, en la faisant lever un peu au-delà : si au contraire la pointe du pied étoit trop haute, il faut obliger l'écolier à la baisser, en l'avertissant de relâcher la cheville.

La cheville du pied peut se forcer en dehors ou en dedans : en dehors , lorsqu'elle paroît gonflée et former une espèce d'élévation de ce côté ; en dedans , lorsque ce gonflement et cette élévation sont du côté du corps du cheval , et font découvrir en dehors une partie du dessous du pied : ces deux défauts viennent toujours de roideur ; et, pour les corriger , il faut relâcher tous les nerfs , depuis la hanche jusqu'à la cheville : il est plus ordinaire de forcer les chevilles en dehors qu'en dedans , par le besoin qu'on a de tourner les jambes en dedans : si ce défaut devient opiniâtre , on viendra à bout de le déraciner en usant modérément du contraire.

Après avoir parcouru et corrigé , les uns après les autres , les défauts de toutes ces parties , on doit passer à l'examen de la main gauche : si l'élève la tient trop basse , on la lui fera élever jusqu'à la position donnée ; et si cela ne suffisoit pas pour détruire ce défaut d'habitude , il faudroit l'obliger pendant quelque temps à la tenir plus haute : si au contraire il la tenoit trop haute, on corrigeroit cet excès, en faisant usage du moyen opposé : on en feroit de même pour celui de la tenir trop à droite ou trop à gauche.

Si on force le poignet , de manière qu'il se

fasse un creux du côté du petit doigt, près de sa jonction avec l'avant-bras, on y remédiera, en soutenant toute la main du côté du pouce, jusqu'à ce que cette partie soit plus haute que l'avant-bras.

S'il arrive qu'on force le poignet en dehors, c'est-à-dire que les ongles, au lieu d'être tournés vers le corps, le soient du côté de la main droite, pour y remédier, on arrondira le poignet, jusqu'à ce que les jointures des doigts se trouvent à la même distance du corps que le talon de la main.

Comme la main droite est susceptible des mêmes défauts, sur-tout lorsqu'elle tient la bride, on se servira des mêmes moyens pour les corriger.

L'élève peut contracter des défauts de plu-sieurs espèces, en ce qui concerne les bras, soit en les serrant trop contre le corps, et, pour l'en déshabituer, on le contraindra pen-dant quelque temps à les en éloigner; soit en les portant trop en avant, et alors on les lui fera tenir plus près de soi en les reculant; soit en les tenant trop en arrière, de manière que les coudes débordent le dos; s'il ne suf-fit pas, pour l'en corriger, de les lui faire re-mettre à la position donnée, il faudra les lui faire tenir un peu plus en avant ; soit enfin en les tenant trop écartés du corps , ce qui est toujours l'effet de la roideur : il faut , dans ce cas , les lui faire relâcher , et de plus lui procurer de fréquentes occasions de les faire agir ; l'action réitérée délie les nerfs et procure de l'aisance ; la roideur des bras vient aussi quelquefois des épaules , on s'en apercevra , lorsqu'on verra qu'elles s'arrondissent ou s'élèvent ; pour y remédier , on les fera effacer, en ouvrant la poitrine et en faisant relâcher les muscles des épaules , jusqu'à ce qu'elles tombent naturellement , et qu'il y ait un creux entre elles deux.

Comme on est porté naturellement , à regarder si le cheval répond à ce qu'on lui demande , et le chemin qu'il va parcourir , ces deux objets sont presque toujours cause qu'on baisse ou qu'on penche la tête , ce qui entraîne le corps du même côté et y attire l'assiette : par-là on doit sentir la conséquence de tenir la tête d'aplomb : ainsi si on a l'habitude , lorsqu'on veut tourner son cheval à droite , de la pencher de ce côté , il faut , pendant quelque temps , la pencher du côté gauche : on se servira des moyens contraires pour le défaut opposé. Il est rare qu'on la

tienne trop en arrière, de manière que la respiration en soit gênée ; cependant si cela arrive, on doit alors avancer le menton, jusqu'à ce qu'on trouve le point où la tête soit
libre, de sorte qu'on puisse la tourner de tous
côtés sans qu'elle se baisse, s'élève ou se penche, et sans que le corps participe à aucun
de ses mouvemens : si au contraire on la tient
trop en avant, il faut alors retirer le menton ;
enfin, si on la baisse, on doit l'élever et la
mettre plus en arrière que la ligne d'aplomb,
jusqu'à ce qu'on soit le maître de la tenir au
point donné.

Tous les défauts dont on vient de parler
sont si imperceptiblement liés les uns aux autres, et influent tellemeut sur les opérations,
que, quelque longueur qu'on trouve à les examiner tous à chaque reprise que fait l'écolier,
il n'est pas possible qu'on vienne à bout de
les corriger, si le maître n'y met absolument
la patience, le temps et la suite nécessaires.
Cette méthode peut seule assurer l'assiette,
que nous avons démontrée être dépendante,
du moins à quelques égards, de chaque partie en particulier : mais il ne faut pas s'imaginer que la pratique seule suffise pour arriver à la perfection ; il faut sans cesse rap-

peler l'élève à ses principes, lui faire appliquer la théorie à chaque opération; et comme
très-souvent il est embarrassé des mouvemens
du cheval, il est moins propre à saisir les leçons du maître : il faut alors l'arrêter, et lui
démontrer si clairement les raisons de ce qu'on
lui demande, qu'il puisse rendre un compte
exact et détaillé des opérations avant de les
exécuter; on parviendra à donner aux démons-
trations cette grande clarté, si on a l'attention
de les présenter sous des jours différens.

A la fin de chaque reprise, soit du trot ou
du galop, on reprendra l'écolier au pas et
autour de soi, pour l'accoutumer à exécuter
tous les mouvemens des mains et des jambes.
On commencera par lui faire tourner son cheval à droite : pour cela, il portera sa main
gauche de ce côté, et en même temps il fermera la jambe droite; on n'aidera pas le cheval, afin que l'écolier puisse voir l'effet que
produiront ces deux aides.

On lui fera porter son cheval à gauche, sans
cependant qu'il y tourne; de manière que les
hanches et les épaules allant toujours en avant
se portent de ce côté; pour cela, tenant toujours la bride de la main gauche, il soutiendra cette main, en la portant à gauche,

afin d'y déterminer les épaules : en même temps, il fermera la jambe droite, qui, chassant les hanches en avant, les portera aussi à gauche. Il doit aussi avoir attention de faire agir ses aides ainsi qu'il a été dit : il faut encore, dans cette opération, prendre garde qu'en portant sa main, il ne recule point du côté gauche, ce qui arrive très-souvent; dans ce cas, on le lui fera avancer plus ou moins, selon le penchant qu'on lui verra à reculer.

Lorsqu'il aura décrit la circonférence du cercle, si l'on veut le faire changer de main, on lui fera traverser le cercle; et quand il sera arrivé sur la circonférence, il prendra la bride de la main droite, qu'il placera à la position donnée (page 23), après quoi il la portera à gauche, en fermant la jambe du même côté, pour tourner son cheval à main gauche. *Planche I, fig. 2.*

Quand il aura travaillé quelque temps à cette main, il portera son cheval à droite, en soutenant la main droite de ce côté, et en fermant la jambe gauche, afin d'y porter les hanches en même temps qu'elle les chasse en avant.

Ayant exécuté ces opérations, il tournera

son cheval à droite et à gauche , en soutenant la main de la bride , et en ne se servant , pour y déterminer son cheval , que de la rène et de la jambe de dedans.

Pour reculer son cheval , il élèvera la main de la bride en proportion de la sensibilité de la bouche : il faut, s'il reculoit trop à coup ou trop vîte , l'avertir que c'est la faute de la main , qu'il élève avec trop de précipitation ou qu'il tire trop à lui ; et lorsqu'il l'aura compris , on lui fera fermer les jambes par degrés , en baissant un peu la main , afin que son cheval ne recule plus.

Excepté le dernier article , on fera exécuter les autres , en se conformant au progrès de l'écolier , successivement du pas au trot , et de celui-ci au galop.

Il est nécessaire que , dans toutes les opérations ci-dessus énoncées , pour ne point échauffer les barres du cheval , et donner la liberté au cavalier , on l'oblige à rendre la main très-souvent : tous ces différens mouvemens faits à propos et souvent répétés procureront aux aides de l'écolier cette aisance qui , devenant avec le temps presque naturelle, donnera à l'assiette sa parfaite stabilité.

Cette stabilité dans l'assiete rend la posture

indépendante des mouvemens du cheval ; mais cette parfaite assiette résulte elle - même de l'indépendance des différentes parties du corps entre elles : car si, par exemple, la main qui tient la bride, étant portée à droite ou à gauche, fait pencher le corps vers un de ces côtés, il sera gêné par cette position forcée, et communiquant cette gêne et cette roideur à toutes les autres parties, il leur ôtera la liberté et la promptitude de l'exécution ; de même, si le mouvement pour fermer les jambes n'est point indépendant des cuisses, il portera le corps en avant : dans l'un et l'autre cas, les inconvéniens se multipliant à l'infini prouvent la vérité du principe ; et comme cette indépendance mutuelle entre les parties ne peut s'acquérir que par une longue habitude, je ne saurois trop exhorter le maître à ne laisser agir dans chaque opération que les parties qui doivent l'exécuter.

CHAPITRE IV.

De l'Accord des Mains et des Jambes.

Nous avons parlé de ce qu'il faut observer, avant de placer l'écolier à cheval, de sa posture et de toutes les parties qui en dépendent, des défauts auxquels elles sont le plus sujettes, et des moyens d'y remédier : il faut actuellement lui faire conduire un cheval dressé : mais il me paroît indispensable, avant d'entrer dans les différentes opérations, d'expliquer l'effet des aides. Jusqu'à présent tous ceux qui ont traité cette matière se sont contentés de dire que c'étoit dans l'accord des jambes et des mains que consistoit la perfection de l'homme de cheval : ce principe n'est point assez développé par sa seule exposition ; le peu de lumières que l'on trouve dans les ouvrages de ceux qui l'ont le plus détaillé ne suffit pas pour le rendre aussi utile qu'il est incontestable : il est impossible de le mettre dans un plus grand jour, sans rapprocher sous un seul point de vue la liaison intime de toutes les parties qui forment cet accord ; et, comme c'est par les rènes et les jambes qu'on commande au cheval, il faut être bien assuré de leur effet.

Examinons d'abord celui du mors : placé dans la bouche du cheval, il a l'effet de deux leviers, susceptibles d'agir à un certain point indépendamment l'un de l'autre, dont les parties inférieures forment les bras de la puissance, la partie supérieure le centre du mouvement ou point d'appui , et dont la résistance est précisément à l'endroit où les canons portent sur les barres. Ces leviers sont suspendus aux deux montans de la têtière par les yeux du banquet , où nous avons dit qu'étoit le centre du mouvement , et où viennent aboutir les bras de la résistance : on fait agir les puissances , au moyen de deux rènes bouclées à l'anneau qu'on met à chacune de leur extrémité inférieure.

Pour augmenter l'effort de la résistance , on se sert d'une chaîne de fer appelée *gourmette*, qu'on arrête par ses deux extrémités à l'un et l'autre œil du banquet, et dont la longueur a exactement ce qu'il faut pour embrasser la partie extérieure de la mâchoire inférieure, précisément à l'endroit qui est au-dessus du menton , et qu'on a nommé *la barbe.*

Du mécanisme de ces leviers , il résulte que chaque fois que le cavalier fait agir les deux rènes , il attire les bras des puissances en arrière ; que conséquemment les points d'appui sont portés en avant, jusqu'à ce que la gourmette soit à son plus grand degré de tension; que, passé ce point, la résistance et la partie supérieure des leviers étant forcées

par l'action de la puissance à des mouvemens diamétralement opposés , occasionnént
une compression sur les parties de la bouche
qui se trouvent resserrées entre les canons et
la gourmette , compression toujours relative
à l'action des leviers , et au sentiment plus ou
moins vif des barres et de la barbe.

On doit sentir qu'en ne faisant agir qu'un des
leviers, la compression ne peut avoir lieu que
pour les parties de la bouche qui se trouvent
de ce côté ; cette observation est nécessaire.

Il résulte de ce qui vient d'être dit :

1°. Que l'action de la main seule peut diriger
l'avant-main du cheval ;

2°. Que cette action doit être proportionnée
à la sensibilité de la bouche et à l'opération
qu'on se propose , de manière que son effet soit
moindre pour ralentir le train du cheval que
pour l'arrêter, et celui-ci moins fort que pour
le reculer ;

3°. Que pour le forcer à tourner, il faut que
la rène qui se trouve du côté où on veut qu'il
tourne fasse plus d'effet que celle du côté opposé ;

4°. Enfin, que l'une et l'autre pouvant agir
en même temps et à divers degrés, indépendamment l'une de l'autre, pour que leurs ef-

fets ne se contrarient point, on doit s'assurer de l'action particulière de chacune d'elles dans les différentes circonstances. Quelques exemples rendront ce principe plus sensible. Je suppose qu'on veuille tourner son cheval à droite, si l'action de la main portée de ce côté ne peut l'y contraindre, on sera nécessairement obligé de tirer la rène droite, parce qu'il est clair que, pour entraîner un corps vers un point donné, il faut l'attirer de ce côté ; un homme à cheval n'a d'autres moyens de lui attirer les épaules vers le centre que l'action de la rène de dedans ; vainement se serviroit-il alors de celle de dehors ; car son effet portant le bout du nez à gauche n'opèreroit, comme il est aisé de le voir, que le contraire de ce qu'on demande, puisque plus on augmente l'effet de cette rène, plus elle doit attirer les épaules de son côté. Il est donc constant qu'il y auroit impossibilité de forcer le cheval à tourner à droite de la rène gauche, et à gauche de la droite, s'il vouloit y résister ; par-là il devient évident que toutes les fois que l'on veut tourner son cheval, il faut se servir de la rène de dedans. Ceux donc qui ont avancé le principe opposé se sont visiblement trompés ; et ils ont eu d'autant plus de tort que, supposé qu'avec cette méthode on en vînt à bout, ce qui arrive quelquefois parce qu'on peut parvenir à en donner l'habitude au cheval, il en résulteroit une contrainte dans sa tête qui, se communiquant à l'encolure, et de proche en proche à toutes les parties de son corps, diminueroit d'autant cette liberté, si précieuse et si essentielle à leurs mouvemens; de plus la rène de dehors étant employée à tourner le cheval, il ne resteroit au cavalier aucun moyen pour empêcher les épaules de trop tourner. Je sais qu'on peut m'opposer que la jambe de dehors peut y suppléer; mais je répondrai qu'elle ne servira qu'à mettre le cheval en cercle; que les hanches se trouvant par conséquent hors de la ligne des épaules, cette situation forcée lui ôte son équilibre, sans lequel il ne peut faire qu'un mauvais usage de ses forces; que d'ailleurs il a été démontré que c'est la main qui peut seule diriger et gouverner l'avant-main, sans que les jambes puissent la remplacer. Concluons donc que les épaules ne peuvent être déterminées à tourner que par la rène de dedans, qu'elle doit le faire progressivement, et que c'est à la rène de dehors à les contenir, sans quoi le cheval pourroit les porter trop, ou trop à coup du côté où on les attire; il en est de même lorsqu'on le mène droit devant lui et qu'on veut le placer. Pour lui porter le bout du nez en dedans, on est obligé de faire agir la rène de ce côté et de se servir de la rène contraire, pour empêcher qu'il n'y vienne trop. Telle est la différence de leur effet presque dans toutes les circonstances ; l'une attire et l'autre contient ; il ne s'agit que de bien saisir le rapport de leur action à la sensibilité de chaque barre, et de la modifier selon les différens cas. Ceci suffisamment expliqué nous conduit naturellement à l'examen de l'effet de l'action de chaque jambe.

Nous devons les considérer comme les principaux agens que nous ayons pour ébranler le cheval, le mettre et l'entretenir dans l'air où nous voulons l'exercer. En effet, c'est par l'impression qu'elles font sur lui, en s'approchant des parties latérales de son corps et en les pressant, que nous parvenons à le déterminer à se porter en avant ; cette pression, qui prend son origine dès la naissance de la cuisse du cavalier, se prolonge plus ou moins, et, selon les cas, jusqu'à ses talons, de manière que son effet se communique et se fait ressentir au cheval, depuis le dos jusque vers la partie inférieure, qu'on appelle les *flancs*. Comme le degré de sensibilité dont ces parties sont susceptibles

varie selon les chevaux, on doit régler l'action
des jambes selon cette variété ; ainsi plus le
cheval est sensible, moins il faut les fermer et
y mettre de force ; au contraire, moins il a de
sensibilité, plus on est obligé de les fermer et
d'employer de nerf ; il en est même qui sont si
fort endurcis aux aides, que la plus forte pression des jambes devient insuffisante ; on se sert
alors des éperons, dont l'effet douloureux les
détermine à céder ; mais ce moyen, qu'il ne
faut employer que comme une dernière res-
source, devient par la suite d'un usage moins
fréquent, parce que les chevaux, quand ils
sont dressés, le craignent, n'attendent pas qu'on
y ait recours, et obéissent promptement aux
aides qui les en menacent.

En supposant le cheval mis à ce point, si on
ferme les jambes en même temps et au même
degré, la pression étant égale des deux côtés,
il doit naturellement se porter en avant et droit
devant lui ; si on les ferme inégalement,
alors éprouvant une impression plus forte d'un
côté que de l'autre, il doit aussi aller en
avant ; mais au lieu d'y aller en ligne droite,
ses hanches, cédant à l'impulsion, se porteront
en déclinant du côté de la jambe, dont l'effet
est le moins fort ; enfin, si on n'en fait agir

qu'une seule, son impression n'étant point contre-balancée, le cheval cherchant à l'éviter portera ses hanches un peu en avant, mais beaucoup plus du côté opposé que dans le cas précédent.

Tels sont en général les effets que produisent les jambes lorsqu'elles agissent seules ; mais lorsque les rènes contre-balancent leur action, elles donnent d'autres résultats; il faut donc bien connoître et combiner les rapports et les oppositions des unes aux autres.

En récapitulant ce que nous venons de dire, on trouvera :

1°. Qu'en tournant son cheval de la rène de dedans, si l'effet de celle de dehors est suffisant pour contenir les épaules et les empêcher de tomber vers le centre, les hanches ne pourront se porter au dehors de la ligne circulaire qu'elles décrivent, puisque l'avant-main leur opposera une résistance au moins aussi forte que l'impulsion qu'elles peuvent recevoir de la jambe de dedans ;

2°. Que les hanches se trouvent contenues et comme resserrées par l'effet opposé de la rène de dehors et de la jambe de dedans; l'impression que celle-ci leur fait éprouver les excitant à s'y dérober et ne pouvant le faire de côté ni d'autre, elles seront obligées de se porter en avant, sans qu'il soit besoin pour cela d'y joindre l'effet de la jambe opposée;

3°. Que puisque la rène de dehors, en remplissant l'objet particulier dont elle est chargée, opère en même temps l'effet qui pourroit résulter de la jambe de dehors, il faut supprimer l'action de cette jambe. Peut-être objectera-t-on que, selon les principes que j'ai admis, en ne faisant agir qu'une seule jambe, son impression doit nécessairement porter les hanches en dehors; je conviens que cela arriveroit si, dans la circonstance dont il s'agit, la rène de dehors ne remplaçoit pas la jambe de ce côté. On vient de voir qu'elle oppose une résistance capable de balancer l'action de la jambe de dedans; ainsi, quand même la jambe de dehors pourroit produire le même effet, il seroit encore plus prudent de n'en pas faire usage, puisqu'elle devient un moyen superflu; qu'on doit, autant qu'il est possible, simplifier les opérations en tout genre, et que d'ailleurs son effet réuni à celui de la rène de dehors l'emporteroit de beaucoup sur celui de la jambe du côté opposé; que conséquemment les hanches forcées d'y céder se jetteroient en dedans et mettroient le cheval de travers.

Il est cependant des exceptions à cette règle, ainsi qu'à tous les principes généraux. Par exemple, on ne peut s'empêcher de faire usage de la jambe de dehors, dans le cas où les chevaux marqueroient une insensibilité si grande à la rène de dehors, que, loin de céder à son effet, ils y résisteroient au point de la forcer; comme on ne sauroit y suppléer que par la jambe, il faut s'en servir de manière que son action soit proportionnée au degré de résistance que le cheval oppose à la rène; mais la difficulté de saisir ce point me fait insister pour qu'on ne donne qu'aux élèves qui sont d'une certaine force des chevaux sur lesquels on est obligé d'employer ce moyen, afin qu'ils n'en prennent point l'habitude d'en faire un usage trop fréquent, ou de l'appliquer hors de propos.

4°. Enfin, que la jambe de dedans doit coopérer avec la rène de dedans pour tourner le cheval, puisqu'elle le chasse en avant, tandis que la rène l'attire en dedans; car la rène agissant seule le feroit reculer.

On doit se rappeler qu'on ne prétend parler ici que des chevaux confirmés dans l'obéissance des aides; nous verrons, quand il sera question de les dresser, les moyens qu'on doit employer

pour rendre les plus difficiles soumis à ces principes.

La différence de l'effet de chaque rène, ainsi
que de chaque jambe expliquée, fera mieux
concevoir les opérations dont on va parler.

CHAPITRE V.

Des différentes Opérations qu'on fait exécuter au Cheval en liberté.

Après avoir ôté la longe au cheval, on exigera
de l'écolier de le conduire par le large près du
mur, en le suivant parallèlement et n'allant
qu'au pas.

J'exige d'abord qu'on le fasse aller au pas,
parce que, n'étant pas encore habitué à conduire
un cheval qui est en liberté, il ne peut s'en rendre maître aux autres allures.

Planche I,
fig. 1.
Dans cette leçon, on doit s'attacher à lui
donner les moyens de tenir son cheval droit,
c'est-à-dire que les épaules et les hanches soient
sur la même ligne. Pour cela, il aura l'attention
de sentir et de distinguer, par le tact de la main,
la rène de dehors pour contenir les épaules, de
manière que les hanches ne puissent se porter

de ce côté ; la jambe de dedans , qui doit chasser
les hanches en avant , se tiendra près du cheval
pour remplir cet objet , et en même temps pour
les empêcher de tomber en dedans ; la rène de
ce côté ne doit agir ici que pour placer le cheval ou porter les épaules en dedans , afin de les
opposer aux hanches , si malgré l'effet de la
jambe de dedans elles se portoient trop de ce
côté ; c'est afin que l'écolier ait plus de facilité
à contenir son cheval sur la même ligne qu'on
lui fait suivre le mur.

Passage du Coin.

Lorsqu'il arrivera au coin, il obligera son
cheval à suivre exactement et jusqu'à leur réu-
nion les côtés de cet angle.

Pour exécuter cette opération, il faut conte- *Planche I,*
nir les épaules du cheval de la rène de dehors ; *fig. 1.*
et afin que les hanches ne tombent point en dedans, et suivent dans tous ses points la ligne
que les épaules décrivent, on doit se servir
de la jambe de dedans, en proportionnant
son effet au besoin qu'on a de les contenir et
de les porter en avant. Lorsque la tête du cheval sera arrivée à la jonction des deux murs,
on se servira de la rène de dedans pour tourner insensiblement les épaules, en portant tou-

jours le cheval en avant; cette précision ne doit être exigée qu'en proportion de la force de l'écolier.

Doubler.

Pour lui apprendre à tourner son cheval, il faut le faire doubler.

Planche I,
fig. 1.
Pl. III,
fig. 1.

Doubler, signifie quitter la ligne que l'on parcourt pour en décrire une nouvelle, qui forme avec la première un angle droit; cette opération s'exécute en soutenant la main de la bride, afin de sentir la rène de dehors, qui doit empêcher le cheval d'augmenter son train et ses épaules de tomber, tandis qu'on les attire avec la rène de dedans pour les faire tourner : on voit par-là combien il est nécessaire que ces deux actions des rènes ne se contrarient pas, et qu'elles soient en proportion l'une de l'autre et de la sensibilité du cheval. J'ai déjà dit que, si l'effet de l'une ou de l'autre étoit trop fort, il feroit reculer ou traverser le cheval ; s'il ne l'étoit pas assez, il ne le détermineroit pas à tourner ou ne l'empêcheroit pas d'aller trop vite. On a parlé ci-dessus de l'accord des mains et des jambes et de leurs différens effets ; on y verra ce qu'il faut pratiquer dans l'opération dont je viens de parler.

Changement de main.

Il doit ensuite mener son cheval à l'autre main, et, pour cela, lorsqu'il aura quitté le coin du manège, il faudra qu'il suive le grand *Planche I,* mur, la longueur à-peu-près de deux chevaux ; *fig. 3.* qu'il coupe alors son terrein diagonalement et aille rejoindre l'autre grand mur, à la même distance du coin opposé à celui qu'il vient de quitter.

Dans l'opération du changement de main, il faut se servir des mêmes moyens que dans celle du doubler, puisque, pour quitter le mur, on est dans l'obligation de tourner ; il est vrai qu'il y a une différence en ce qu'on ne tourne pas autant que pour doubler, et qu'il faut par conséquent que l'effet des trois parties qui agissent soit moindre ; mais ces moyens ne diffèrent entre eux qu'en cela. Lorsque le cheval sera arrivé au mur et qu'il formera avec lui un angle aigu, il faudra fermer la jambe et ouvrir la rêne de dehors, qui pour lors deviennent celles de dedans, pour remettre insensiblement le cheval parallèle au mur ; mais avant ces deux dernières actions, on changera la bride de main, afin de pouvoir se servir de la rêne de dedans, pour amener les épaules du cheval sur la ligne droite qu'il va décrire à l'autre main, et le placer s'il en est besoin.

Il faut, dans toutes ces opérations, faire passer successivement le cheval du pas au passage, et ensuite au galop, observant de ne faire changer l'allure que lorsque l'écolier sera le maître de son cheval dans celle qu'il doit quitter; et supposé que dans la nouvelle il cessât de l'être, il faudroit le remettre à la précédente; c'est la seule manière de hâter et d'assurer ses progrès.

Demi-volte.

Lorsqu'il pourra exécuter un changement de main, ainsi qu'il a été dit, on doit lui montrer comme on exécute une demi-volte.

Un manège est un terrein renfermé dans un carré long. La demi-volte peut être exécutée à tel endroit de ce carré qu'on le juge à propos; mais pour plus d'intelligence, je la détermine ici, et la fais commencer à la moitié d'un des petits côtés; cependant, quand on veut tenir des hanches, on peut alors quitter le mur dès le coin et tracer un demi-cercle; c'est ce qui constitue la demi-volte; mais pour exécuter celle dont je parle, on doit commencer par quitter le mur, comme pour doubler, porter ensuite son cheval droit l'espace qu'on le jugera à propos, comme dans le doubler, et de là aller regagner diagonalement le grand côté qu'on vient de parcourir. Cette dernière partie de la demi-volte est, comme il est aisé de le voir, un changement de main; de sorte que l'on peut dire que la première réunie à celle-ci forme un tout, qui est composé du doubler et du changement de main.

Changement de main en tenant les hanches.

Quand il exécutera ces opérations avec précision et sûreté, il faudra qu'il essaie un changement de main, en tenant une demi-hanche. Pour cela, étant arrivé sur le terrein que j'ai indiqué pour le commencer, il se servira de la rène de dedans pour porter les épaules, jusqu'à ce qu'elles soient tournées vis-à-vis le point où il doit arriver; en même temps il portera son cheval en avant de la jambe de dedans; il soutiendra la main de la bride, de manière que la rène de dehors fasse assez d'effet pour arrêter le devant, tandis qu'il fermera la jambe de dehors, pour faire suivre les hanches, en sorte que les pieds du cheval décrivent quatre diagonales; en quoi cette opération diffère du changement de main ordinaire, où ils n'en décrivent que deux, tracées par les pieds de de-

Planche II, fig. 1.

vant et de derrière du même côté ; elle est un milieu pour parvenir au changement de main, où l'on ferme tout-à-fait, ce qui s'appelle également tenir des hanches, fermer ou faire fuir les talons. On remarquera que l'intervalle de la dernière diagonale des pieds de devant à la première diagonale des pieds de derrière est moins grand dans les demi-hanches, que lorsqu'on ferme tout-à-fait, puisque plus le cheval va de côté, plus les lignes que tracent les pieds de derrière s'éloignent de celles que tracent les pieds de devant. Pour l'une et l'autre de ces opérations, les épaules entament toujours le chemin, les hanches les suivant ; mais l'effet des jambes ou des mains sera augmenté ou modifié en proportion de ce qu'on veut tenir des hanches.

Lorsque l'écolier sera parvenu à faire agir avec précisiontoutes les parties utiles à cette opération, il viendra bientôt à bout des plus difficiles ; car elle renferme les quatre moyens principaux par lesquels le cavalier communique sa volonté au cheval. En effet on emploie la rène de dedans pour le tourner, de manière que les épaules entamant le chemin marchent toujours les premières ; d'un autre côté on se sert de la rène de dehors pour empêcher les épaules de tomber en dedans, et le cheval d'augmenter son train ; enfin on emploie en même temps les deux jambes, celle de dedans pour entretenir le cheval dans la même allure, le porter en avant et l'asseoir sur les hanches, et celle de dehors pour les faire fermer, sans s'écarter de la piste qu'elles doivent décrire. On doit concevoir aisément l'impossibilité d'exécuter ces quatre opérations avec la finesse, la justesse et la sûreté qu'elles exigent, si le corps du cavalier n'étoit pas dans un parfait équilibre, et que l'assiette ne fût pas stable, puisqu'il ne seroit pas le maître de diriger le mouvement de ses aides, dont l'effet de chacune doit toujours être en proportion avec celui des autres.

Demi-volte en tenant des hanches.

Pour la demi-volte sur les hanches, on se servira des mêmes moyens, en observant d'y joindre ce qui en a été dit ci-devant. *Pl. III, fig. 3 et 4.*

Contre-changement de main.

Quant au contre-changement de main, on le fera exécuter ainsi qu'il va être expliqué.

Cette opération est composée de deux changemens de main, dont l'un s'exécute à main *Pl. IV, fig. 1.*

droite et l'autre à main gauche, renversant, si l'on veut, cet ordre. Ainsi je suppose qu'au sortir du coin on suive un peu le grand mur, et qu'alors pour le quitter on porte son cheval à droite, qu'on le mène ensuite en décrivant une diagonale jusqu'au milieu du manège, où le reprenant à main gauche, on aille regagner toujours diagonalement le mur que l'on vient de quitter, il se trouvera alors qu'on a décrit un angle obtus, dont le sommet est au milieu du manège, et dont les côtés se terminent au même mur et à la même distance des coins qu'il forme.

On peut aussi exécuter la même opération de plusieurs autres manières; d'abord en commençant par un changement de main, qu'on termine au milieu du manège, et au lieu d'en exécuter un autre pour regagner le mur, on ne fait simplement que faire reprendre son cheval, en le menant droit devant lui, l'espace que l'on juge à propos; après quoi l'on double pour rejoindre le mur et le suivre à la main opposée à celle où on étoit en commençant l'opération; enfin on peut le commencer à volonté et contre-changer de main plusieurs fois d'un bout à l'autre du manège, soit en le commençant le long du grand mur, soit en l'exécutant dans le milieu du manège d'une petite parallèle à l'autre, ou

soit enfin à tel endroit du terrein qu'on voudra ;
mais dans tous ces cas on doit toujours observer
d'aller diagonalement, et que les sommets de
tous les angles que l'on décrit se trouvent sur
la même ligne ; que les épaules entament le
chemin et que les hanches suivent sans se traverser, c'est-à-dire qu'elles ne se jettent point
de côté et d'autre.

Huit de chiffre.

Après le contre-changement de main on fera
exécuter le huit de chiffre ; on appelle ainsi cette
opération, parce que son exécution représente
l'image de ce chiffre ; il s'exécute à tel endroit
du manège qu'on le juge à propos ; mais pour
en donner une juste idée à l'écolier, nous le
déterminons à l'un des bouts du manège ; je
suppose le cheval le long du petit mur ; après
qu'il aura tourné l'angle et suivi quelque espace
le grand mur, il faudra le tourner et aller par
un changement de main gagner diagonalement
le même petit mur vers le coin opposé à celui
qu'il vient de quitter, pour répéter à cette main
ce qu'il vient d'exécuter à l'autre, et finir cette
opération au même endroit où elle a été com-
mencée ; au moyen de quoi le huit de chiffre se
trouvera formé ; on poursuivra ensuite la reprise.

Pl. VI,
fig. 1, 2 et 3.

Fig. 1.

5 *

Volte.

La volte présente encore plus de difficultés que le huit de chiffre ; c'est pourquoi il faut qu'un écolier soit bien assuré dans l'exécution des précédentes opérations pour la lui faire entreprendre.

La volte est un cercle que l'on décrit en laissant le centre derrière soi ; l'exécution en est très-difficile, parce qu'il faut au cheval beaucoup de nerf, de liberté, d'aisance, de liant, et qu'il ne peut trouver tous ces avantages que dans un parfait équilibre ; on ne peut le lui procurer qu'en le dirigeant et le déterminant sans cesse par l'accord des mains et des jambes ; on doit commencer à faire prendre beaucoup de terrein, parce que plus le cercle est petit, plus les hanches du cheval, contraintes et resserrées dans ce petit espace, fatiguent, soit pour soutenir l'effort et le poids du devant qui s'élève, soit en même temps pour se porter de côté ; ce n'est que par des secours mêlés de nerf et de finesse qu'on vient à bout d'exécuter cette opération dans le cercle le plus petit qu'il soit possible ; on voit par-là la nécessité d'employer continuellement les quatre moyens dont il a été question, lorsque j'ai parlé du changement de main sur les hanches.

Volte renversée.

Quoique pour la volte renversée on mette en usage les mêmes moyens, son exécution est cependant encore beaucoup plus difficile ; la raison en est sensible : dans la volte, ce sont les épaules qui parcourent le plus grand terrein ; et comme elles peuvent prendre un point d'appui sur les hanches en les chargeant d'une partie de leur poids, elles se procurent l'aisance, la promptitude et la légèreté qu'exigent les mouvemens forcés où on les contraint ; dans la volte renversée, au contraire, les épaules se trouvent vers le centre ; le plus grand terrein est parcouru par l'arrière-main qui, ne pouvant rejeter une partie de sa masse sur les épaules, n'a d'autres supports que les principaux ressorts de toute la machine, c'est-à-dire les hanches et les jarrets ; ces parties ainsi chargées, il leur est bien plus difficile, sur-tout au galop, de faire de côté des mouvemens qui ne leur sont pas naturels, et qu'elles n'exécutent que par des élans répétés.

On doit commencer toutes ces opérations, d'abord au pas, ensuite au passage, et enfin au galop. J'ai démontré plus haut combien cet ordre donnoit de facilité.

Pl. VII,
fig. 1.

Faire partir au galop.

Pour ne pas interrompre l'ordre de ce chapitre, j'ai différé jusqu'à présent de parler de la manière de faire partir un cheval au galop.

On doit, pour le faire partir sur le bon pied (n'importe à quelle main on soit), le mettre droit, ensuite former un demi-arrêt de la rène de dehors en soutenant la main, amener en même temps le bout du nez de la rène de dedans, et fermer la jambe de ce côté.

La rène de dehors contient les épaules sur la ligne des hanches ; et, par ce demi-arrêt, joint à l'effet de la jambe de dedans, toutes les forces du cheval se ramassent sur les hanches, leur procurent une élasticité propre à élever et chasser le devant ; c'est là précisément ce qu'on appelle rassembler son cheval, et c'est cet instant qu'il faut saisir pour le déterminer à partir ; il est à remarquer que l'action de la rène de dehors, et de la rène et de la jambe de dedans, pour qu'il parte sur le bon pied, doit être exécutée en même temps, parce qu'alors l'une contient les épaules en dehors, l'autre empêche qu'elles ne se portent trop de ce côté, et enfin la jambe détermine le mouvement de l'épaule de dedans, qui doit entamer le chemin ; sans l'ac-

cord de ces trois parties, le cheval étant maître
de ses épaules et de ses hanches pourra se traverser et partira sur le pied que la circonstance
lui rendra le plus facile; dès qu'il aura obéi, il
faut lui rendre la main.

Faire reprendre.

A la fin de chaque changement de main on
se servira des mêmes moyens pour faire reprendre le cheval, c'est-à-dire le faire galoper
sur l'autre pied, ainsi qu'au contre-changement
de main, demi-volte, volte, etc. Il en est de
même lorsqu'il est faux ou désuni du derrière;
car lorsqu'il est désuni du devant, il est aisé de
le faire reprendre; il suffit pour cela, en formant un demi-arrêt de la rène de dehors, de
lui porter les épaules en dedans; dans tous ces
cas, il faut éviter avec soin les saccades, et de
le mettre de travers.

Finir son cheval.

Après toutes les opérations dont on vient de
parler, soit pour assurer la posture, soit pour
procurer de l'aisance, de la liberté et de la
finesse dans les différens mouvemens qu'on emploie pour manier un cheval, il est à propos,
afin de donner de la justesse et de la précision

aux élèves, de leur faire finir leurs chevaux après leur travail ordinaire, ainsi qu'il va être expliqué.

Les hanches en dehors.

On commencera d'abord par les faire aller au pas autour de soi et sur une piste, ensuite et peu-à-peu on les fera aller les hanches en dehors, de manière que le cheval décrive deux cercles, l'un des pieds de derrière, l'autre des pieds de devant ; sa tête viendra insensiblement en face du centre, tandis que les hanches s'en éloigneront par degrés et qu'elles chemineront toujours, ainsi que les épaules, du côté du dehors ; pour cela, l'écolier se servira de la rène de ce côté, en soutenant la main, afin de les y porter et de les arrêter en même temps ; la jambe de dedans y portera aussi les hanches en les chassant en avant ; on pourra faire aussi diminuer le cercle, en diminuant l'effet de la main et augmentant celui de la jambe ; mais pour augmenter le cercle on augmentera l'effet de la rène de dehors, afin de porter davantage les épaules de ce côté, ainsi que celui de la jambe pour y porter les hanches ; c'est ainsi qu'en contenant le cheval, on arrivera insensiblement à lui faire suivre les murs dans la même

(73)

situation; et c'est ce que l'on nomme indifféremment *les hanches en dehors*, ou *les épaules en dedans*, ou *la croupe au mur*.

La tête au mur.

De cette opération on passera à celle de la tête au mur; pour l'exécuter, on se servira *Pl. VII, fig. 6, 7 et 8.* des moyens indiqués au changement de main sur les hanches; on doit observer qu'alors le cheval allant de côté et se trouvant en face du mur, forme avec lui continuellement deux angles, l'un aigu, qui se trouve du côté qu'il laisse, l'autre obtus, du côté où il va; car les hanches devant se trouver sur la ligne des épaules, et celles-ci marchant les premières, le cheval forme une ligne oblique sur le mur, et conséquemment deux angles inégaux.

On doit faire répéter au pas toutes les précédentes opérations, en observant que ce ne soit pas de suite, ni avec le même cheval, qui auroit de la peine à soutenir un travail aussi long et aussi fatigant.

Du bout du nez en dedans.

Dans le cours de toutes ces opérations on doit placer son cheval, c'est-à-dire lui amener le bout du nez en dedans, de manière que l'encolure forme une ligne circulaire presque insensible depuis la naissance du garrot jusqu'au bout du nez. On y parviendra en tirant et ouvrant finement et moelleusement la rène de dedans, et en soutenant la main de la bride avec la même finesse, afin que la rène de dehors empêche la tête de trop se porter du côté où on l'attire.

Des Étriers.

Lorsque l'écolier sera assez sûr de sa position pour qu'on lui permette l'usage des étriers, on commencera par les lui faire chausser, c'est-à-dire que les pieds doivent être dans les étriers jusqu'à ce qu'ils touchent les talons. Dans ces commencemens, on doit les lui faire porter un peu longs, afin d'éviter qu'en appuyant dessus, ils n'enlèvent son assiette.

Lorsqu'il pourra les tenir sans en être trop occupé, il faudra peu-à-peu, et selon ses progrès, lui faire mettre le milieu et le gros du pied sur l'étrier, de manière que la pointe du pied le déborde un peu.

On doit alors avoir attention à ce que l'étrivière ne soit ni trop longue ni trop courte, afin que la jambe puisse être tendue, sans cependant être roide ; ce qui arriveroit immanquablement dans l'un et l'autre cas.

Si elle étoit trop longue, il ne pourroit atteindre et contenir l'étrier, sans porter la jambe en avant, et par conséquent sans roidir le genou et baisser la pointe du pied avec force; ce qui ne seroit pas naturel.

Si elle étoit trop courte, le pli du genou seroit contraint; la jambe raccourcie, ne pouvant plus tomber naturellement et sans force le long des sangles, perdroit plusieurs degrés d'aide.

Les étrivières étant d'une juste longueur, on fera baisser à l'écolier les talons, sans que pour cela il élève les pointes des pieds, les talons devant se trouver plus bas par le seul poids des jambes.

Observations générales.

Il ne suffit pas qu'un écolier, en maniant son cheval, le tienne bien droit et en équilibre, il doit encore lui donner de l'action et de la liberté ; il lui procurera la première, en appelant de la langue, en se servant de sa gaule, soit en la faisant siffler, soit en lui donnant des coups légers sur l'épaule, et enfin en employant plus de nerf et de vigueur dans ses aides. Quant à la seconde, il y parviendra en tenant la main extrêmement moelleuse et légère, en formant de fréquens demi-arrêts, rendant très-souvent la main et entremêlant fréquemment l'action de la bride et du bridon.

Je ne saurois trop insister sur l'attention qu'on doit avoir de rendre toutes les actions des aides indépendantes du corps et de l'assiette ; car sans cela il arrive toujours que leurs mouvemens contraignent le buste à prendre différentes positions contraires à la sûreté de celui-ci et à la liberté des premières. Par exemple, dans toutes les occasions où l'on est obligé de faire agir et d'employer un peu de nerf dans la jambe de dedans, on voit que cette force mal dirigée attire l'assiette du même côté, et le mouvement du cheval contribuant encore à l'y faire rouler, l'écolier, pour contre-balancer le poids qui l'entraîne, ne trouve machinalement d'autres moyens que de se pencher du côté opposé, en y portant tout le haut de son corps ; cette situation fait non seulement creuser les reins, ainsi que baisser l'épaule du côté du dehors, mais, comme elle ôte l'aplomb, elle détruit l'aisance et toute liberté dans les aides. Il est donc très-essentiel d'empêcher qu'on ne contracte cette mauvaise habitude ; on le fera en obligeant l'élève de jeter et de tenir son assiette plus ou moins en dehors, selon le penchant qu'elle a à rouler ; mais par une raison semblable il tombera alors dans l'inconvénient opposé, qui est de trop porter son corps en dedans, si on n'a pas la plus grande attention de lui faire porter tout son buste en dedans, sans que l'assiette suive, et sur-tout de soutenir l'épaule de ce côté à la hauteur de celle de dehors, et en même temps d'étendre et reculer le genou de dedans le plus qu'il est possible ; cette position à la vérité est gênante, et même il faut convenir qu'elle paroît d'abord forcée ; mais comme elle n'est que momentanée et qu'elle empêche de creuser les reins, tant à droite qu'à gauche, elle donne par la suite au corps plus de facilité à s'établir sur sa base, fixe plus tôt son assiette, laisse à la cuisse plus d'aisance d'être naturellement placée, et conserve à la jambe tous les degrés d'aides dont elle est susceptible. J'avoue qu'on a besoin de beaucoup d'habitude pour exécuter facilement ce que je propose ici, mais l'expérience m'a prouvé que c'étoit le moyen le plus prompt et le plus sûr de remédier au défaut dont il est question, qui, corrigé, laissera à l'écolier toutes ses facultés pour contenir son corps sur la ligne d'aplomb.

Il arrive assez communément aussi, lorsqu'on veut faire fuir les talons, et que le cheval résiste à la jambe de dehors, que, pour en augmenter l'effet, on penche le corps sur cette aide ; en le penchant, les reins se creusent de côté ; l'épaule par conséquent se baisse ; ainsi le poids du corps enlève nécessairement la jambe de dedans, et chargeant celle de dehors, il lui ôte la liberté dont elle auroit besoin pour se faire obéir (1). Il faut donc, dans cette circonstance, obliger l'élève à porter le haut de son corps en dedans, ainsi que nous venons de le dire, afin que la cuisse, le genou et la jambe de dehors, dégagés du poids du corps, puissent agir avec tout le nerf et le liant qui leur est nécessaire pour déterminer l'animal à céder à leur effet, sans empêcher l'action de la jambe de dedans.

La posture n'est pas seulement ébranlée par la force mal dirigée dans les aides inférieures ; elle peut l'être encore par les actions des aides supérieures ; par exemple, lorsqu'on veut faire agir la main de la bride pour tourner son cheval en dedans, pour le redresser, pour l'arrêter, pour le porter en avant ou pour le tourner ou le placer de la main opposée.

Dans le premier cas, on voit souvent l'écolier

____

(1) De plus, le corps se portant en dehors, le poids entraîne le cheval du côté opposé à celui où on le veut faire aller.

se pencher en avant, et faire suivre au corps le mouvement de la main, en baissant l'épaule et creusant les reins en dedans; il faut alors se servir des moyens qu'on vient d'indiquer, en les modifiant selon le besoin, faire porter les épaules en arrière et obliger l'élève à se relâcher; car la force qu'il emploie dans le bras se communiquant au corps attire celui-ci en avant, et cette situation jointe à l'action de la main entraîne nécessairement le corps et l'assiette en dedans.

Dans le second cas, on voit aussi que le corps suit la main dans le mouvement qu'elle fait pour porter le cheval en dehors, et que l'épaule de ce côté se recule et se baisse : on doit dans cette circonstance faire soutenir et avancer beaucoup cette épaule, sans pour cela que les reins se creusent en dedans; obliger le poignet et le bras de se détacher du corps, et sur-tout de se relâcher, puisque c'est leur roideur qui est la cause principale de tous ces défauts.

Dans le troisième cas, lorsqu'on veut arrêter ou reculer, et qu'on n'a pas toute la liberté qu'exigent ces opérations, assez souvent on a recours au corps qu'on renverse, afin de joindre à la main qui se trouve trop foible une puissance qu'on imagine pouvoir contre-balancer la résistance du cheval. Cependant, bien loin d'opérer cet effet, elle opère tout le contraire ; car en se renversant et se pendant ainsi à la main, les genoux se portent en avant et s'élèvent, les jambes ne peuvent plus servir, et les cuisses ne portant plus, l'assiette n'a plus rien pour la fixer et la contenir, les vertèbres des reins se trouvent relâchées, l'ébranlement devient général ; et la main se trouvant par-là privée de sa liberté, l'impression continue du mors engourdit les barres, et ne produit plus l'effet qu'on en attendoit. On ne peut remédier à ce défaut qu'en obligeant l'écolier dans l'action de l'arrêt à fixer les reins dans leur point d'appui, à reculer ses genoux et à placer ses cuisses sur leur plat ; enfin à soutenir et élever la main autant qu'il est nécessaire, sans la tirer à lui, en y employant de force qu'en proportion du besoin.

Dans le quatrième cas, la roideur du bras fait assez communément qu'en voulant porter la main en avant, le haut du corps s'y porte et la suit : en développant davantage le bras et en faisant tenir les épaules plus en arrière que de coutume, on parviendra à y remédier.

Dans le cinquième cas, ce n'est plus la main de la bride, mais l'autre qui dérange la posture; car pour aller chercher la rène de dedans afin de placer son cheval, assez fréquemment on porte la main trop loin de soi, ce qui fait roidir le bras; et pour peu que le cheval résiste, au lieu d'ouvrir et de tirer, on tend le bras et on appuie sur la rène avec force, dans la présomption qu'il cèdera ; mais comme ordinairement cela produit l'effet contraire, ou augmente progressivement cette force, qui, se convertissant en roideur, entraîne l'épaule de dedans en avant, oblige de s'y pencher, et fait enfin rouler l'assiette de ce côté : pour obvier à cet inconvénient, on doit assujettir l'élève à tenir la main à la position donnée pour placer son cheval, à relâcher le bras, de manière que le coude se trouve légèrement plié, et faire en sorte que lorsqu'il recule, la main, le bras et le coude reculent aussi et se trouvent un peu plus en arrière que le corps : on doit en même temps faire soutenir l'épaule de dedans et redresser l'assiette ; car chaque fois qu'elle se dérange, c'est ce qu'on doit d'abord exiger.

Par ce qu'on vient d'exposer, on voit que tous les mouvemens, soit des mains, soit des jambes, qui n'ont point acquis ce degré de sûrete que donne la stabilité de l'assiette, influent tellement sur le corps, qu'il n'est presque point d'action des aides qui ne le dérange et ne lui fasse prendre quelque fausse position, plus ou moins vicieuse, selon que le mouvement de la partie qui agit est plus ou moins contraint; il est donc très-important, pour les rendre indépendantes du buste et leur procurer de la souplesse, de les faire agir fréquemment, sans que l'action de l'une se communique à l'autre.

Des Sauteurs.

Quoiqu'il soit très-possible d'apprendre à monter à cheval sans le secours des sauteurs, j'insiste cependant pour qu'on en fasse usage, pouvant être d'une grande utilité pour assurer la posture et procurer de la tenue : afin d'en tirer tout le fruit qu'on en doit attendre, on s'en servira avec beaucoup de ménagemens; dans les commencemens, on choisira un cheval très-sage, dressé à piaffer dans les piliers, sur lequel montera l'élève : la posture seule doit dans cette leçon être l'objet de l'attention du maître, qui fera alternativement ranger le cheval de droite à gauche et de gauche à droite : à mesure que l'élève gagnera sur sa posture, on augmentera l'action du cheval ; ensuite on lui fera lever quelques courbettes, après quoi des ballottades, et enfin la capriole.

Dans le cours de ces reprises, il faut montrer à l'écolier à toucher devant, derrière, à se servir du poinçon ; pour ces différentes actions chacun a une méthode différente : voici celle qui m'a paru la plus commode et la plus naturelle.

Pour toucher devant sur l'épaule du montoir, laissant les bras à la position donnée, on élèvera l'avant-bras et le poignet droit ; celui-ci tenant la gaule au-dessus de l'encolure, et transversalement de droite à gauche, la fera tomber sur l'épaule du montoir.

Les mêmes moyens seront employés pour toucher sur l'épaule du hors-montoir ; mais ici il ne faut pas tenir la gaule transversalement, mais devant soi, et qu'elle tombe diagonalement.

Pour toucher derrière, on passera la gaule sous le bras, la tenant toujours de la même main par le gros bout, le pouce étendu dessus, de manière que le petit bout se trouve parallèle et au-dessus du milieu de la croupe ;

et, pour faciliter l'action de la gaule, on ouvrira un tant soit peu le coude, et on aura soin, pour la faire agir, d'observer que le mouvement que le poignet doit faire pour cela ne se communique pas au bras.

Pour se servir du poinçon, on le prendra dans la main droite, le pouce étendu dessus, le gros bout appuyé au talon de la main et les doigts fermés ; on croisera ensuite le bras derrière le dos, les ongles en dehors, et le dessus de la main tourné du côté des reins ; lorsqu'il faudra l'appuyer, on le fera sur le milieu de la croupe en étendant le bras, sans pour cela qu'il se désunisse du corps.

On doit aussi apprendre à l'écolier l'instant qu'il doit saisir pour faire un bon usage des aides dont nous venons de parler : ainsi avant de faire lever le cheval à courbette, il faut le rassembler et mettre ses hanches sous lui ; alors il faut que l'écolier touche légèrement devant, de suite et sans interruption ; s'il touchoit trop fort, il effraieroit son cheval, et convertiroit en châtiment ce qui ne doit être qu'un avertissement.

Lorsqu'on se sert de la gaule pour toucher derrière, on doit aussi rassembler son cheval, et lui procurer par-là la facilité de s'enlever

du devant et du derrière : on l'excite à le faire,
en croisant d'abord la gaule sur la croupe ; lorsqu'elle s'élève en l'air, on cesse de toucher, et
on recommence chaque fois qu'elle retombe ;
on observe la même chose en se servant du
poinçon.

Tout ce que je viens de dire n'est pas suffisant pour apprendre à un élève à faire lever
la courbette, ou à faire sauter, comme il faut,
un cheval dans les piliers ; on doit de plus
savoir l'aider à propos par l'effet de la main,
c'est-à-dire, que chaque fois que le devant
retombe à terre, il faut soutenir la main un
peu en avant, et par une tension moelleuse
des rênes procurer un effet au mors sur les
barres, assez considérable pour enlever le devant du cheval ; dès qu'il est en l'air, on doit
lui rendre la main, soit pour lui donner la
liberté de détacher sa ruade, si c'est pour
sauter, soit pour ne pas le faire reculer, si
c'est simplement pour faire lever à courbette.

Il est nécessaire aussi, lorsqu'on fait sauter
un cheval, de fermer les talons, de manière
cependant que, quoique tous les points du
dedans des cuisses et des jambes jusqu'à eux
se trouvent unis au cheval, les genoux, au
lieu de remonter et de se porter en avant,

s'étendent au contraire et se portent en arrière : on ne doit donner des éperons sur les sauteurs que lorsque la tenue est assez bonne pour avoir les jambes tendues, qui alors doivent être placées dans la position ordinaire.

Il faut apprendre aussi à faire lever la courbette, quand le cheval est en liberté, ainsi qu'à le faire sauter, et l'on emploiera les mêmes moyens que pour celui qui est dans les piliers, en y joignant de plus de se servir de la jambe de dedans, pour chasser les hanches et porter le cheval en avant.

L'usage des sauteurs procure sans contredit beaucoup de fermeté à cheval, pourvu qu'on ait le soin d'empêcher les écoliers d'employer de la roideur pour se tenir, au lieu d'une force moelleuse, qu'on ne peut trouver que dans la sûreté des reins et le poids du corps sur les fesses.

Réflexions particulières.

La méthode de faire monter les élèves sur toutes sortes de selles et même à poil peut aussi beaucoup contribuer à leurs progrès ; mais il faut n'en user que lorsque leur posture a acquis assez de solidité pour n'avoir pas besoin d'être contenue par l'effort des

cuisses, parce qu'alors la force qu'ils y em-
ploieroient pour se tenir feroit remonter leurs
genoux, en les raccrochant, et les jambes et
les éperons qu'ils serreroient pourroient les
faire jeter par terre : on ne ·sauroit prendre
trop de précaution pour éviter un accident
qui, souvent en les rendant craintifs, peut
encore avoir des suites plus fâcheuses.

Comme celui qui est à la tête d'une aca-
démie ne doit avoir d'autre but que de mettre
ses élèves en état de pouvoir faire usage de
toutes sortes de chevaux, dans les différentes
circonstances où par la suite ils peuvent se
trouver, il doit les faire monter souvent à
cheval dehors : mille objets que les chevaux
ne connoissent pas leur donnent de la gaieté,
les animent, leur font prendre de l'ardeur,
les effraient, enfin les rendent si différens de
ce qu'ils sont dans le manège, que le plus
souvent les meilleurs écoliers des académies,
qui n'ont monté des chevaux que dans un manège, se trouvent très-embarrassés dehors :
on doit leur faire conduire leurs chevaux très-
sagement.

Pour leur procurer de l'aisance et de la liberté, on leur fera monter des coureurs, observant de ne les faire courre d'abord qu'au

petit galop, et d'augmenter le train insensiblement ; on leur recommandera de donner
à cette espèce de chevaux beaucoup de liberté de la main, et de les contenir dans le
train qu'on veut qu'ils aillent par de fréquens
demi-arrêts ; si cela ne suffisoit pas, on join-
droit alternativement l'effet du bridon à celui
de la bride.

Je finirai ce chapitre par quelques réflexions
sur la nécessité où sont les gens de guerre de
savoir monter à cheval : il est évident qu'un
homme, maître de son cheval, a de grands
avantages sur celui qui ne sait pas le conduire,
et par une conséquence nécessaire, une troupe
qui sait manier ses chevaux doit avoir la
même supériorité sur celle qui ne le sait pas.
Je ne prétends pas qu'on exige d'un cavalier
ce qu'on peut attendre des gens de l'art, mais
au moins faut-il qu'il connoisse les moyens de
faire agir son cheval ; et il seroit certainement
à souhaiter que l'officier fût assez instruit pour
les enseigner au cavalier, et le mettre en état
d'exercer les chevaux de remonte dans la connoissance des mains et des jambes.

CHAPITRE VI.

Des Courses de la Bague et des Têtes.

Quoiqu'on ne se serve plus aujourd'hui de la lance, il est cependant bon d'accoutumer les jeunes gens à la manier : si cette arme ne peut leur être d'aucune utilité à la guerre, du moins peut-elle servir à leur donner plus d'aisance, de liberté et de grace à cheval : ces avantages sont assez précieux pour qu'on mette en usage tout ce qui peut contribuer à les procurer ; et je trouve que la course des bagues, ainsi que celle des têtes, sont depuis quelque temps beaucoup trop négligées.

Pour courre la bague et les têtes, on ne doit prendre que les écoliers qui sont maîtres de leurs chevaux ; ces exercices se font ordinairement dans un manège découvert ; cependant la bague peut se courir dans un manège couvert, parce qu'il faut beaucoup moins de terrein que pour la course des têtes.

Comme les opérations sont plus composées à la course des têtes qu'à celle de la bague, nous commencerons par celle-ci.

On se sert pour cela d'une lance, d'une bague, d'un canon et d'une potence.

La lance est composée de plusieurs parties ; savoir, le tronçon, la poignée, les ailes, le corps et la flèche.

Le tronçon est cette partie qui termine inférieurement la lance, et dont la figure est une espèce de cône renversé.

La poignée est la continuité de la lance et de figure ronde ; elle se trouve directement au-dessus du tronçon et au-dessous des ailes ; on lui donne à-peu-près un demi-pied de longueur, qu'on recouvre de velours ou d'autre étoffe, et l'on met au haut et au bas une frange de soie, d'argent ou d'or.

Les ailes sont quatre planches qui prennent leur nom de leur figure ; elles sont travaillées à jour pour les rendre plus légères, peintes, dorées ou argentées, placées et collées sur la lance vis-à-vis les unes des autres ; leur partie inférieure commence directement au-dessus de la poignée ; cette partie est beaucoup plus large, et par conséquent plus élevée que la supérieure ; qui va en diminuant se perdre à six ou sept pouces dans le corps de la lance.

Le corps est la partie que l'on voit depuis le tronçon jusqu'à la flèche ; c'est une espèce de canne fort longue, qui va en diminuant un peu vers le haut, et qui est communément de bois blanc et fort léger.

La flèche est une feuille de fer qui entoure supérieurement la lance et la termine en pointe assez aiguë.

La lance a communément sept à huit pieds de longueur, depuis l'extrémité du tronçon jusqu'à celle de la flèche; on lui en donne cependant plus ou moins, selon la force de la personne qui doit en faire usage.

La bague n'est autre chose qu'un anneau de métal, plus ou moins grand, selon l'adresse de celui qui la court; pour la faire tenir au canon, il y a une chappe dans laquelle on passe une lame de fer large de trois ou quatre lignes, et longue de trois à quatre pouces, assez mince, mais cependant assez forte pour faire ressort en s'écartant par les deux extrémités, après avoir passé dans la chappe où on la serre; alors elle fait une espèce d'étranglement, parce que les deux extrémités s'ouvrent et ne se ferment que quand on les presse, ce qui fait que la bague tient au bas du canon.

Le canon est un bâton rond, creux par en bas, pour recevoir les deux extrémités de la lame dont nous venons de parler, et auquel on attache par en haut une tringle de fer qui tient à une bande de fer-blanc, roulée en manière d'étui pour recevoir la potence, et formant une espèce de croix sur la tringle.

La potence est un bâton rond d'environ deux pieds, au bout duquel pend le canon où est attachée la bague ; cette potence est attachée au mur par l'autre extrémité, et doit être plus élevée que la bague de sept à huit pouces, afin que dans la course le cavalier ne puisse la toucher ni avec la tête ni avec la lance.

Dans cet exercice, on appelle *la course* le terrein qu'on parcourt pour prendre la bague : ce terrein est divisé en deux parties ; savoir, en cercle et en ligne droite ; le cercle se décrit en partant, et la ligne droite en allant sur la bague, et on la prolonge au-delà, parce que la bague doit être placée aux deux tiers de la ligne, à la hauteur à-peu-près du front du cavalier et au-dessus de l'oreille droite du cheval.

Les instrumens étant ainsi disposés, le cavalier qui court la bague se munira de sa lance et la prendra par la poignée ; il se placera au bout de la ligne de la course, laissant le mur où est attachée la potence à sa gauche ; de là il ébranlera son cheval au pas, jusqu'à dix ou douze pieds, et alors il le fera partir au galop pour

prendre sá demi-volte, et aller par cette opération regagner le coin d'où il est parti, et continuer son chemin sur la ligne de la course;
pendant tout ce temps, il faudra qu'il tienne
sa lance de la main droite, en la serrant du
bout des doigts, le bras ouvert, sans le porter
en avant ni en arrière; le coude plié un peu
moins haut que l'épaule, l'avant-bras à la hauteur du coude, faisant un angle droit, et le
poignet à la hauteur de l'avant-bras : dès qu'il
sera arrivé sur le terrein où il a entamé sa
demi-volte, il fera la levée de la lance; et pour
cela, il abaissera le poignet, en faisant avant
rouler le pouce sur la lance, pour la faire
tourner, et par ce mouvement, lui donner
un point d'appui plus stable le long de l'index
en dedans de la main; ensuite il baissera aussi
insensiblement l'avant-bras et le bras, à côté
et le long de son corps, jusqu'à ce que le
coude soit étendu, et que le poignet soit à
côté et près de sa cuisse, tenant toujours la
pointe de la lance perpendiculaire; il l'élèvera, en étendant le bras à côté de lui, et
aussi haut que le bras tendu peut le permettre, en le portant dessus la tête : de là,
baissant peu-à-peu son poignet et l'approchant de lui, tenant son coude à la hauteur de

l'épaule , il inclinera insensiblement la pointe de la lance , jusqu'à ce qu'elle soit vis-à-vis de la bague : à mesure qu'il en approche , il faut aussi qu'il augmente le train de son cheval par gradations , de manière qu'en arrivant il aille ventre à terre : après avoir passé la potence , il diminue son train , refait la levée de la lance jusques au-dessus de la tête , et arrête son cheval dans le coin opposé à celui d'où il est parti ; après quoi il tient sa lance en arrêt , c'est-à-dire qu'il pose le tronçon sur le milieu de la cuisse , la pointe haute un peu penchée en avant , et dans cette position se range de la course.

On doit observer que tous ces mouvemens se fassent sans interruption , que la main soit assurée et soutienne seule la lance , qui , en touchant le bras ou le corps , se dérangeroit de sa direction , qu'on doit prendre sur la ligne du canon.

Pour la course des têtes , on fait usage de la lance , du dard , de l'épée et du pistolet.

Le dard est une espèce de trait de bois dur , long d'environ trois pieds , pointu et ferré par le bout : on place dans un endroit du bois de petits boutons de fer , pour marquer l'endroit où on doit le tenir , afin qu'il soit en équilibre.

Il y a ordinairement quatre têtes de carton ; la première est celle de la lance, qu'on pose sur une espèce de chandelier de fer attaché au mur ; ce chandelier tourne sur deux pitons ; il doit être long de deux pieds et élevé à huit pieds de terre.

La seconde est une tête de Méduse, plate et large, appliquée sur une planche qu'on attache au haut d'un chandelier de bois, élevé de terre de cinq pieds.

La troisième est celle du More ; on la place de même que la précédente.

La quatrième est celle de l'épée, qui doit être placée à terre, sur une petite éminence, à deux pieds et demi du mur, ou de la barrière, lorsque c'est dans une carrière.

Il faut placer les têtes selon la longueur du manège, qui doit être un carré long d'environ cent vingt pieds, et large de trente-six : dans cette supposition, la tête de la lance doit être placée aux deux tiers de la course, c'est-à-dire à quatre-vingts pieds du coin du manège, où l'on prend la première demi-volte.

La tête de Méduse doit être à cinq pieds du mur, du même côté que celle de la lance, et à la moitié du manège.

La tête du More se place vis-à-vis de celle

de Méduse, de l'autre côté du manège : lorsque c'est un manège découvert, on les place toutes deux de même, mais sur la barrière.

Le tête de l'épée se met à terre, du côté de celle du More, à quarante pieds du coin où on finit la course.

On commence la course par la tête de la lance, qui se court comme la bague ; mais après avoir couru la tête, au lieu d'arrêter, on remet son cheval au petit galop ; on passe le coin, où on rend la lance à un homme placé à cet effet, pour prendre au clou marqué pour l'équilibre le dard de la main droite, qu'on laisse tomber à côté de soi ; en observant que la pointe du dard soit du côté de la croupe du cheval, et le bout opposé du côté de l'encolure, et on va par le milieu du manège à la tête de Méduse : pour lors, on porte en avant le bras tendu, sans force et élevé, le poignet à la hauteur des yeux, ayant attention de viser la tête avec le gros bout du dard ; à mesure qu'on en approche, on tourne le dard par-dessus la tête, pour présenter la pointe, en reculant peu-à-peu le bras en arrière, tendu à côté de soi, et le lancer : il faut avoir attention que le corps ne participe point du tout à l'action du bras, ce qui dérangeroit la direction ; c'est par la seule action du poignet, et du bras qui suit son mouvement, qu'on doit lancer le dard.

Après avoir jeté le dard, on tourne le cheval pour aller à l'autre muraille ; on reprend un autre dard ; on forme la troisième demi-volte dans le coin du côté de l'épée, et on va lancer le dard à la tête du More de la même manière que pour celle de Méduse. Toutes ces têtes se courent aussi au pistolet.

On tourne son cheval en arrivant à l'autre muraille ; on commence la quatrième demi-volte, en tirant l'épée par-dessus le bras gauche, pour ne pas se blesser en la tirant par-dessous : on doit la tenir haute et droite, le bras libre, étendu et élevé à la hauteur de l'épaule, et la faire briller en la remuant ; il faut aller dans cette posture jusqu'à la tête, et lorsqu'on y est arrivé, se plonger tout d'un coup, en baissant le corps sur l'épaule droite du cheval, étendre le bras en faisant entrer l'épée de tierce, la relever de quarte, replacer son corps du même temps, étendre le bras et l'élever, pour faire voir la tête à la pointe de l'épée jusqu'au bout de la course qui se termine au coin.

On doit considérer que toutes les fois qu'on approche d'une de ces têtes, il faut augmenter le train du cheval insensiblement, et qu'il soit au plus grand train lorsqu'on arrive à chaque tête, après quoi on le diminue ; il faut aussi, lorsqu'on change de main, avoir attention de le faire reprendre, et qu'il change de pied d'un seul temps. Le cheval doit exécuter toutes ces opérations, sans s'en aller, en se rassemblant, se grandissant et sans se désunir.

Pour apprendre aux élèves la levée de la lance et à manier le dard, on doit commencer par les exercer à pied ; ensuite ils exécuteront à cheval et au pas toutes les opérations de la course des têtes, avant de les entreprendre au galop.

On peut aussi être plusieurs ensemble à courir les têtes, qu'on multiplie autant qu'on veut, et qu'on arrange à volonté : ces espèces de carrousels sont brillans, attirent beaucoup de monde, rendent les chevaux sages, donnent de l'adresse aux jeunes gens, et excitent leur émulation à un point qu'on ne sauroit s'imaginer. L'envie de surpasser en public leurs camarades les fait travailler dans le particulier avec un courage et une constance qui leur font bientôt surmonter les plus grands obstacles : à cet âge on a besoin d'aiguillon ; il faut donc exciter leur amour-propre.

TRAITÉ D'ÉQUITATION.

DEUXIÈME PARTIE.

Instruction du Cheval.

INTRODUCTION.

Tout ce qui a été dit dans la première partie de cet Ouvrage ne peut servir qu'à mettre un Élève en état de faire exécuter toutes les opérations dont un cheval confirmé dans l'obéissance aux aides peut être susceptible; il est donc à propos d'indiquer à présent la route qu'on doit tenir pour conduire le plus promptement et le plus sûrement les chevaux à cette obéissance, et pour en tirer le meilleur parti, soit pour l'utilité, soit pour l'agrément.

7 *

Quoiqu'il y ait une variété infinie dans leur caractère, leurs qualités et leur conformation, et que les moyens de les dresser soient nécessairement subordonnés à cette diversité, néanmoins on peut réduire cet art à des principes généraux, qui, sans varier dans le fond, s'accommodent dans la pratique à la variété dont nous venons de parler.

Il ne faut qu'examiner la conformation du cheval pour reconnoître que l'équilibre est le principe de sa force et la source de la sûreté de tous ses mouvemens. Les quatre colonnes qui supportent son corps font la base de cet équilibre, et lui donnent la faculté de rejeter et de distribuer sur les parties, qui ne doivent point d'abord agir, le poids superflu dont se trouve chargée celle qu'il veut mettre en action la première ; et c'est par une semblable distribution qu'il parvient à perpétuer ses mouvemens. Quoiqu'elle se fasse avec une promptitude qui en dérobe presque le mécanisme à nos yeux, elle n'en est pas

moins existante : on la remarque aisément dans le cheval lorsqu'il lève une
jambe ; on voit alors tout son corps se
porter sur les trois autres : on l'aperçoit
encore plus visiblement quand il fait une
pointe et qu'il marche sur les deux pieds
de derrière, où il réunit alternativement
tout le poids de son corps sur la jambe
qui lui sert d'appui pour pouvoir avancer
l'autre.

Je sais qu'un cheval peut aussi s'élever
de terre, sans lever une jambe plutôt que
l'autre, de manière que les quatre s'enlèvent à-la-fois, et, quoiqu'alors l'action
prenne son origine dans les genoux, dans
les hanches et dans les jarrets qu'il plie
sous lui, et qui, faisant ressort, lui donnent en se détendant l'élasticité dont il
a besoin pour s'élancer, il n'en est pas
moins vrai que c'est toujours du principe
de l'équilibre dont il tire cette faculté,
puisque, si le poids n'est pas distribué avec
égalité, l'animal se trouve nécessairement
entraîné du côté où ce poids excède et à

moins d'un effort considérable, il court risque de ne pas retrouver en retombant son centre de gravité.

L'équilibre étant donc essentiel à tous les mouvemens qu'on peut exiger des chevaux, on doit sentir combien il est important de les établir dans ce point de force et de liberté. La nature le leur donne sans doute dans l'état de repos, mais c'est à l'art à le leur conserver dans les différens airs où on les exerce.

Lé moyen qu'il offre pour cela est l'obéissance à l'action des rènes et à l'effet des jambes, les unes gouvernant l'avant-main, et les autres l'arrière-main ; il résulte de ces deux puissances un moyen sûr pour porter de côté ou d'autre, en avant ou en arrière, le poids nécessaire au parfait équilibre.

Mais pour parvenir à donner aux chevaux la connoissance des aides et à les rendre dociles à leur impression, il faut mettre en usage la longe, le cavesson, le filet, le bridon, la bride, la chambrière, l'appel de la langue, la gaule, les éperons, et une infinité d'opérations que je détaillerai par ordre et selon leur suite naturelle. Parmi ces opérations, on retrouvera une grande partie de celles qui ont été déjà exposées : leur relation est si intime avec l'objet qui fait le sujet de cette seconde partie, que, pour éviter l'obscurité, on ne peut se dispenser de se répéter. Au reste, je suppose au cheval que j'entreprends de faire dresser toutes les qualités, tant intérieures qu'extérieures qu'on peut lui désirer : cette supposition est essentielle pour éviter la confusion où jetteroit le détail immense de tous les défauts qui peuvent se rencontrer, en tout ou en partie, dans les différentes espèces de chevaux, si j'entreprenois d'en parler en même temps : je donnerai ensuite séparément les moyens de les corriger, et par ce moyen je ferai mieux sentir l'efficacité des remèdes qu'on doit employer pour les détruire, ou du moins pour les diminuer.

Il faut que le cheval soit âgé au moins de quatre à cinq ans ; car il est très-rare d'en trouver avant cet âge qui aient assez de vigueur pour être exercés utilement ; autrement il arrive presque toujours que le travail leur est nuisible , et qu'avant d'avoir pu prendre de la force ils sont énervés : je désire encore que le cheval n'ait point été travaillé , de peur qu'il n'ait contracté de mauvaises habitudes, qui demandent toujours plus de temps pour être détruites , qu'il n'en faudroit pour lui en donner de bonnes ; je veux seulement qu'il puisse souffrir la selle sur le corps : si elle lui occasionnoit trop d'inquiétude , il n'y auroit qu'à le laisser sellé dans l'écurie pendant le jour, jusqu'à ce qu'il eût contracté l'habitude de la porter ; s'il faisoit des difficultés lorsqu'on le selle , il faudroit le faire seller et desseller souvent , pour le rendre aisé à l'équipement.

Après l'avoir sellé et bridé avec un filet et un grand bridon à l'angloise , on le conduira sur le terrein où on se propose de l'exercer.

Comme dans les commencemens on doit chercher à le mettre à son aise, autant qu'il est possible, il vaut mieux se servir du grand bridon que de la bride, attendu que celle-ci portant beaucoup plus sur les barres, et pressant encore la barbe par l'effet de la gourmette, le gêne beaucoup plus que le bridon, dont l'effet est moins considérable, puisqu'il ne porte que très-peu sur les barres, et a presque toute son action dirigée sur les lèvres, parties bien moins sensibles que les premières : on y met un filet, afin de pouvoir en faire usage si le gand bridon venoit à casser.

Lorsqu'il sera arrivé sur le terrein pour lui donner la première leçon, on lui mettra un cavesson auquel on aura attaché une longe : on observera de ne point trop serrer la sous-gorge, afin qu'elle ne gêne pas la respiration, et de beaucoup serrer la muserolle, de peur que les côtés de la têtière ne puissent être attirés par l'effort de la longe sur les yeux du cheval, qui souffriroit de ce frottement.

Tout étant ainsi préparé, la personne préposée pour tenir la longe l'arrangera par petits cercles dans sa main gauche, et tiendra de la main droite le bout attaché au cavesson, afin d'alonger ou de raccourcir la longe selon le besoin : elle la doit tenir d'abord extrêmement courte, pour faciliter à la personne qui sera chargée de la chambrière le moyen d'approcher du cheval et de le caresser devant, sur la croupe, à droite et à gauche, ainsi que d'arranger les étriers sur le cou, ou de les raccourcir, de manière qu'en marchant le cheval n'en puisse point recevoir des coups sur les jambes, ou mettre les pieds dessus, et peut-être s'estropier : toutes ces choses servent à le familiariser avec l'homme, et à lui inspirer de la confiance en dissipant ses craintes.

CHAPITRE PREMIER.

Première Leçon à la longe.

On sait que le défaut de connoissance qu'un jeune cheval a de la chambrière, et l'ignorance où il est sur ce qu'on veut lui demander, sont presque toujours dans les commencemens les motifs de la résistance qu'il oppose à notre volonté : pour prévenir cette désobéissance apparente, il est nécessaire de le faire ébranler, en l'attirant en avant par le moyen de la longe et de quelques coups de langue ; on profitera de ce mouvement, ainsi qu'il va être expliqué.

Cette leçon n'a pour le moment d'autre objet que de procurer au cheval la connoissance de la chambrière : pour cela il faut que la personne qui en est chargée se mette à côté de celui qui tient la longe ; dès que le cheval sera ébranlé, elle lui présentera doucement la chambrière vis-à-vis et à la hauteur de l'œil, afin que la crainte que ce mouvement lui inspirera puisse l'éloigner peu-à-peu du centre, que la personne qui tient la longe ne doit pas quitter. On aura le soin de lâcher insensiblement de

la longe, pour que le cheval ait la facilité de décrire un grand cercle. Si, en partant du centre, il y tournoit les hanches en portant les
épaules du côté de la circonférence, il faudroit avec la longe attirer à soi ces dernières,
en même temps porter la chambrière vis-vis
et à la hauteur des hanches, pour les éloigner
du centre et se garantir de ses ruades.

On doit lui faire décrire un grand cercle,
afin qu'il soit, pour ainsi dire, aussi à son aise
que s'il parcouroit une ligne droite.

Si, après ce que nous venons de dire, il refusoit d'aller en avant, il faudroit alors, en
appelant de la langue, frapper la terre avec la
chambrière : si cela ne le déterminoit pas, on
réitèreroit cet avertissement, qui, étant encore
sans effet, doit être suivi d'un petit coup de chambrière sur la croupe, qu'on répètera comme
avertissement, ou comme correction, selon la
résistance du cheval ; dès qu'il aura obéi, on
doit l'apaiser, soit de la voix ou autrement,
afin de lui faire connoître qu'il s'est attiré ce
châtiment en restant en place, et qu'il peut
l'éviter en se portant en avant, et faire en sorte
qu'il aille au pas ; après qu'il aura fait quelques
tours, on se portera sur la ligne qu'il décrit au-
devant de lui, en élevant doueement la cham-

brière, et en lui disant *hola*, on le fera arrêter ; ensuite on l'attirera avec la longe jusqu'au centre, où on le caressera, pour lui ôter la méfiance qu'on peut lui avoir inspirée en le châtiant ; enfin, après lui avoir donné le temps de se reposer, on répètera la même chose à la main opposée à celle où il a été exercé.

Du trot à la longe.

Pour mettre le cheval du pas au trot, on fera usage de l'aide de la langue et de la chambrière, ainsi que je viens de le dire ci-dessus ; il faut de plus avoir le soin de le contenir au bout de la longe sur le cercle qu'on veut qu'il décrive : comme il arrive assez ordinairement que les épaules, ou les hanches tombent sur le centre ; pour le redresser, on élèvera la chambrière à la hauteur et vis-à-vis la partie sujette à ce défaut ; si elles y tomboient toutes deux alternativement, il faudra s'attacher d'abord à en corriger les épaules ; après quoi on travaillera aux hanches ; car on ne doit jamais entreprendre de lui demander ces deux choses à-la-fois, parce qu'on risqueroit de le faire défendre par la contrainte où on le mettroit, si l'on vouloit l'obliger à se corriger de ces deux défauts en même temps.

Si à cette leçon la vivacité, l'ardeur ou la crainte du châtiment le faisoient aller plus vite qu'on ne le désire, après avoir cherché à l'apaiser de la voix et usé de tous les moyens de douceur, il faudra lui donner de petites saccades avec la longe, les répétant et en augmentant l'effet suivant l'exigence des cas : on doit cependant observer de ne point les donner trop fortes, parce qu'à la longue les commotions répétées que produiroient ces saccades prendroient sur les jarrets : cette partie est si délicate et en même temps si essentielle au cheval, qu'il vaut infiniment mieux lui laisser des défauts que de risquer de la lui ruiner. Il est impossible d'indiquer jusqu'à quel point doit être portée l'attention sur cet objet.

Premiers moyens d'apprendre au cheval à reculer.

Lorsqu'on l'aura exercé au trot, aux deux mains, en mettant un intervalle considérable entre chaque reprise, on l'arrêtera pour le faire reculer ; pour cela, la personne qui tient la chambrière se portera tout près de lui à côté des épaules, prendra les deux rênes du bridon et près de la barbe, et les tirera de manière que l'embouchure fasse assez d'effet pour remplir l'objet proposé ; cependant , si cela ne suffisoit pas pour faire reculer le cheval , on se serviroit alors de la gaule dont on lui donneroit de petits coups , d'abord sur le poitrail , ensuite sur les jambes et même sur le nez ; s'il persistoit à ne pas vouloir reculer , on l'y contraindroit en lui donnant des saccades de la longe : dès le moment qu'il aura fait un pas en arrière , on doit l'arrêter pour le caresser , le flatter et le renvoyer à l'écurie : la crainte du châtiment et l'espérance de la récompense sont les motifs les plus puissans pour obtenir des chevaux ce qu'on désire d'eux.

Du galop à la longe.

Dès qu'on est parvenu au point de l'amener à trotter uniment , on doit par les mêmes moyens essayer de lui faire faire quelque temps de galop , sans s'embarrasser s'il part sur le bon ou le mauvais pied. La contrainte où il se trouvera , s'il est faux , le forcera bientôt de se remettre sur le bon pied ; d'ailleurs on ne doit pas perdre de vue que le but de cette première leçon n'est que de lui donner la connoissance de la chambrière , qui doit par la suite aider à lui procurer celle des jambes. Après lui avoir fait faire quelques temps de galop , on le reprendra au trot, ensuite au pas, et enfin on l'arrètera pour le laisser souffler ; après quoi on répètera la même opération à l'autre main, qu'on terminera ainsi que la leçon précédente.

Deuxième Leçon à la longe.

Faire monter le cheval.

La répétition de ces opérations, si elles sont exécutées de suite avec précaution et intelligence de la part de ceux qui exercent le cheval, lui procure en peu de temps la connoissance de la chambrière ; c'est alors qu'on peut le faire monter, mais il faut que ce soit par un écolier qui puisse être le maître de sa posture, et qui sache disposer à son gré de toutes les parties de son corps, et se servir de ses aides à propos et avec justesse. Il faut d'abord le faire munir de deux gaules, et lorsqu'il sera à cheval, il en tiendra une dans chaque main, la pointe en bas ; il prendra aussi, avant de monter à cheval, les précautions indiquées au commencement de cet ouvrage.

Dès qu'il sera en selle, il doit se mettre en état d'empêcher les sottises que le cheval pourroit faire, et même de le corriger, s'il en étoit besoin ; observant au contraire de le flatter de la main et de la voix , s'il a été tranquille , afin de l'accoutumer à être sage au montoir.

Méthode pour tenir les rènes du bridon séparées.

Avant d'indiquer les moyens dont on doit se servir pour faire aller en avant un jeune cheval , il est essentiel de fixer la manière dont on doit tenir les bridons. Tous les auteurs conviennent qu'il faut tenir dans ce cas les rènes séparées ; mais ils ne sont pas d'accord sur la façon dont il faut les prendre dans la main : je vais exposer les deux méthodes qui m'ont paru les meilleures.

Par la première , en passant les poignets dessous les rènes , on prend les bridons entre l'index et le pouce , qui s'étendra et se fermera dessus ; pour les contenir sur la seconde jointure du premier doigt , qui , ainsi que les autres , doit être fermé ; le bout des rènes enfermées dans la main ressort par le petit doigt : les poignets doivent être à côté et au-dessus du garrot , à peu-près à quatre doigts et à même distance l'un de l'autre , les ongles des deux mains tournés vis-à-vis les uns des autres.

Par la seconde méthode, on prend les rènes par-dessus, en les embrassant des quatre doigts et le pouce passé par-dessous , de manière que le bout des rènes sorte des mains du côté du pouce , et que le petit doigt sente seul l'effet direct du mors ; au lieu que par l'autre méthode , c'est l'index qui le sent : les poignets doivent être à la même hauteur et à la même distance ; mais la position des ongles diffère , en ce qu'ici il faut qu'ils soient tournés du côté de la terre : dans l'une et l'autre méthode , les bras et les coudes doivent tomber de leur propre poids près du corps.

On peut juger , d'après ce détail , laquelle des deux peut être la meilleure : quant à moi, qui les ai pratiquées également l'une et l'autre , la dernière m'a toujours paru plus sûre , parce qu'il m'a semblé que , par la position qu'elle exige , on a beaucoup plus de force pour arrêter son cheval , et plus de liberté et d'aisance pour ouvrir les poignets que par la première ; mais comme il faut aussi consulter l'habitude et la commodité , je n'insisterai pas sur la préférence.

L'écolier , tenant les rènes du bridon séparées , observera qu'elles ne soient , ni trop longues ni trop courtes , c'est-à-dire telles qu'il puisse contenir son cheval , s'il vouloit aller trop vite , et qu'en même temps l'action trop forte des mains ne s'oppose point à celle des jambes, lorsqu'il veut le chasser.

Pour le porter en avant, il ne faut pas d'abord faire usage des jambes : c'est à la langue , à la gaule et à la chambrière à les remplacer ; ainsi on commencera par l'ébranler, en l'attirant en avant avec la longe , comme il a été dit ci-devant : après cela, on appellera de la langue , et celui qui tient la chambrière l'élèvera en même temps derrière le cheval, afin de le porter en avant par ces deux actions : s'il refusoit de le faire , l'élève se serviroit de sa jambe et de sa gaule, en le frappant derrière les sangles ; si cela ne suffisoit pas , il faudroit y joindre quelques coups de chambrière sur la croupe , qu'on redoubleroit , ainsi que ceux de la gaule , selon la résistance du cheval : le châtiment fait à propos aura sûrement son effet ; mais on doit cesser , dès qu'on s'aperçoit que le cheval y cède. Je ne saurois trop recommander de ne point battre les chevaux sans raison , et de se donner la peine d'approfondir les motifs de leur résistance ; car souvent il arrive qu'on châtie en eux comme mauvaise volonté ce qui n'est qu'un effet de leur ignorance , au lieu qu'il faudroit alors employer des moyens qui leur fissent comprendre ce qu'on exige d'eux : c'est pourquoi je voudrois qu'on leur fît commencer toutes les opérations d'abord au pas , attendu qu'ils y sont plus à leur aise que dans toute autre allure , et par conséquent plus en état de distinguer les signes qui doivent leur marquer notre volonté.

Lorsque l'élève aura déterminé son cheval en avant, il faudra qu'il le contienne au pas avec les deux rènes, en marquant des demi-arrêts, ce qui peut s'exécuter de deux manières ; savoir, en tirant, ouvrant et baissant les deux poignets, ou en joignant aux deux premières de ces actions celle d'élever les mains : la manière dont le cheval porte la tête doit régler cette opération ; s'il la tient basse, on se sert de la dernière méthode ; on fait au contraire usage de l'autre , s'il tend le nez.

Pour rendre la main avec les bridons , il faut porter les mains un peu en avant et les baisser, ce qui s'appelle mollir les poignets : on sait que toujours le demi-arrêt doit précéder cette opération.

Dès qu'on l'aura mis au pas , il faudra l'éloigner du centre , jusqu'à ce qu'il soit sur la circonférence du cercle : cette opération s'exécute par le moyen de la rène de dehors, qu'on ouvre de ce côté, et qui par-là y attire les épaules, tandis que la jambe de dedans chasse en avant et porte les hanches en dehors : comme le cheval dans ces commencemens ignore ce qu'on lui demande, on doit, avec la chambrière, seconder les aides, en la portant à la hauteur des épaules lorsqu'il n'obéit pas à la main, et à la hauteur des hanches lorsqu'il se refuse à l'effet de la jambe ; il faut aussi que l'élève l'aide de la gaule, en lui donnant des petits coups derrière la botte et sur l'épaule, du côté opposé à celui où il refuse de se porter.

Il a été démontré qu'un cheval ne pouvoit agir librement s'il n'étoit dans un parfait équilibre ; or cet équilibre ne peut exister que lorsque les hanches se trouveront exactement sur la ligne des épaules : sans cela, le poids étant plus fort d'un côté que de l'autre entraîneroit nécessairement la balance ; il est donc indispensable de mettre toute son attention à contenir son cheval droit.

Ce principe dirigera tous les moyens dont le concours doit lui faire connoître insensiblement les aides qui lui communiquent notre volonté.

Pour parvenir à lui procurer la connoissance de ces aides, il faut, toutes les fois que les épaules veulent tomber en dedans, les prévenir en les redressant de la rène de dehors, et en même temps faire agir la jambe de dedans, pour porter les hanches en avant ; elle doit aussi agir, si les hanches tomboient en dedans : on proportionnera son effet au besoin qu'on en aura pour les porter sur la ligne des épaules, et on y joindra celui de la rène de dedans, s'il en étoit besoin, et que le cheval résistât à l'effet de la jambe ; c'est ainsi que peu-à-peu on parviendra à le mettre droit.

Changement de main à la longe.

Après avoir promené le cheval quelques tours au pas à main droite, il faudra en faire *Planche I,* autant à main gauche : pour cela, on changera *fig. 2.* de main, en ouvrant la rène de dedans, afin de lui attirer les épaules du côté où l'on veut tourner ; mais en même temps on doit, par l'effet de la rène de dehors, les empêcher de trop s'y porter, sans pour cela qu'elle s'oppose à l'effet de la rène qui le tourne : la jambe de dedans doit aussi agir, pour entretenir son train, qu'il diminueroit par l'effet des mains. En finissant le changement de main sur la ligne circulaire, on formera un demi-arrêt des deux rènes, en chassant les hanches sous lui, par-là on le préparera insensiblement à s'asseoir sur les hanches, et à élever le devant à la fin de cette opération, afin qu'au galop il ait l'aisance de reprendre, ou, ce qui est la même chose, de changer de pied : ensuite on continuera à cette main la reprise au pas, en se servant des aides opposées à celles dont on vient de se servir à l'autre main. Cette leçon doit être répétée, jusqu'à ce qu'on lui ait donné une idée de ce qu'on lui demande, par les différentes actions des rènes et des jambes.

Lorsqu'on sera arrivé à ce point, on entremêlera la reprise de quelques temps de trot.

La leçon du trot a toujours été regardée avec raison comme celle dont les chevaux pouvoient retirer le plus de fruit : premièrement parce qu'ayant à cette allure deux points d'appui continuels, l'un sur une jambe de devant, l'autre sur celle de derrière diagonalement opposée (car ils ne lèvent ces deux-ci qu'en posant les deux autres), leur base en devient plus solide qu'au galop, où ils se trouvent un instant en l'air, conséquemment il leur est plus aisé de conserver leur équilibre. En second lieu, parce que le trot, par la nature de ses mouvemens, les obligeant plus que le pas de déployer leurs muscles, fortifie leurs nerfs, procure plus de liant aux ressorts, et rend ainsi plus facile et plus prompte la distribution des forces nécessaires à chaque action.

Je n'ignore point qu'on peut se procurer des avantages infinis des leçons du pas et du galop; mais cela ne m'empêchera point d'insister pour qu'on exerce beaucoup plus les jeunes chevaux au trot, sur-tout lorsqu'il s'agit de les débourrer et de les assouplir. Les réflexions qu'on vient de voir, et qui s'accordent avec la pratique, me confirment dans le sentiment que, bien loin de retarder leurs progrès, cette méthode est presque la seule dont on en puisse espérer : à mesure que les occasions se présenteront, nous verrons comme il faut entremêler toutes ces allures. Revenons à notre sujet.

Pour mettre le cheval du pas au trot, il faudra fermer la jambe de dedans insensiblement jusqu'au degré qui précède les éperons, supposé qu'aucun de ces degrés ne l'ait déterminé à obéir; et pour lors, laissant toujours la jambe fermée, on fera agir successivement les aides dont il a été parlé, lorsqu'il a été question de le faire marcher : après qu'on l'aura déterminé à aller au trot, on aura le soin de ne point le laisser aller trop vite, ce qui le mettroit sur les épaules : pour cela , il faudra former des demi-arrêts et lui rendre souvent la main ; par ce moyen on réveille le sentiment de la bouche , qui , sans cela , s'échaufferoit et s'engourdiroit peut-être au point que le cavalier ne seroit plus le maître du cheval ; mais en même temps il faut observer de faire agir la jambe , afin que par-là on l'oblige de porter ses hanches sous lui , pour se soutenir, au lieu de prendre son point d'appui sur les bridons dans l'instant du demi-arrêt , et sur les épaules lorsqu'on lui rendroit la main : on ne doit pas se flatter d'éviter totalement ces deux inconvéniens dès les premières leçons : on n'y arrivera qu'en faisant un usage long et suivi des moyens qu'on vient de voir , et de ceux que j'indiquerai dans la suite : après quelques tours de trot , on l'arrêtera au pas, pour le changer de main , ainsi qu'il a été dit ci-devant ; ensuite on le reprendra au trot , jusqu'à ce qu'il soit assez exercé , et alors on le finira au pas et on le renverra.

On répètera cette leçon , jusqu'à ce qu'on l'ait amené à aller au petit trot et uniment ; quand on y sera parvenu, on pourra augmenter son trot insensiblement à mesure qu'on le sentira plus assis : on reconnoîtra qu'il n'est point assis, s'il cherche à s'en aller, ou s'il cherche à peser à la main.

Ces défauts sont si naturels aux chevaux, que, pour peu qu'on relâche de son attention, ils en contractent l'habitude ; on ne sauroit donc trop éloigner les occasions qui peuvent les exciter à la prendre : c'est pourquoi je veux, lorsqu'on les dresse, qu'on revienne sans cesse sur ses pas, c'est-à-dire que, quand on a cru que le cheval étoit assez avancé pour exiger de lui quelque opération nouvelle, et qu'on voit qu'elle lui coûte par la contrainte où elle le met, il faut revenir au point d'où l'on étoit parti ; car il est certain que, si les chevaux ne répondent pas à la première tentative, et que malgré cela on passe à une seconde, ils seront tout aussi maladroits à la troisième et à la quatrième, et peut-être plus qu'avant la première, parce qu'on aura beaucoup pris sur eux, et qu'on les use sans s'en apercevoir, en leur faisant exécuter des opérations où ils sont obligés d'employer beaucoup de force pour réparer le manque d'équilibre ; ainsi, au lieu de les avancer, comme on le croyoit, on les retarde beaucoup, et peut-être s'ôte-t-on pour toujours la possibilité d'en tirer un parti utile.

Moyens de faire connoître au cheval l'effet particulier de chaque rène et de chaque jambe.

Pour parvenir dans cette leçon à faire connoître à un cheval la différence de l'effet de chaque rène et de chaque jambe, on lui fera peut-a-peu resserrer le cercle, jusqu'à ce qu'insensiblement il arrive à en tracer un près du centre, le plus petit qu'il lui sera possible : pour l'exécution de cette opération, on est forcé de faire agir chaque rène, selon l'effet qui lui est propre ; car, comme il a déjà été dit, pour diminuer le cercle, il faut tourner le cheval, et pour le tourner, il faut nécessairement que la rène de dedans agisse : et si en même temps la rène de dehors ne faisoit point son effet, pour contenir les épaules, le cheval seroit libre de les porter en dedans, autant qu'il voudroit ; de même, si la jambe de dedans reste dans l'inaction, on concevra aisément que les deux rènes agissant ensemble, leurs effets réunis arrêteront le cheval. Après avoir diminué le cercle jusqu'au plus petit possible, on reportera le cheval peu-à-peu jusqu'à son premier et son plus grand cercle.

Pl. VIII, fig. 1.

Pl. VIII, fig. 3.

Pour augmenter les cercle, on sait qu'il est

Pl. VIII, fig. 2.

de même de toute nécessité de faire agir les trois parties dont je viens de parler, c'est-à-dire, qu'on doit faire agir la rène de dehors, afin que son action détermine les épaules à s'éloigner du centre et qu'elle les porte vers la circonférence, tandis que celle de dedans agit pour les empêcher d'y trop aller, ou de s'y porter à coup ; dans le même temps la jambe de dedans doit être aussi en action , pour éloigner les hanches du centre et, les chasser en avant.

Je n'ai point parlé de la jambe de dehors, de laquelle j'ai fait voir , dans ma première partie , l'inutilité pour l'une et l'autre de ces opérations.

D'après les moyens indiqués, on doit sentir combien la leçon des cercles diminués et augmentés est propre à communiquer au cheval la connoissance des rènes et des jambes. Si donc cette leçon est alternativement répétée à chaque main pendant le temps nécessaire, elle donnera au cheval assez de sensibilité pour le faire obéir à la sensation particulière que fera sur lui chacune des aides dont je viens de parler ; en effet , en le tournant à droite par le moyen de la rène et de la jambe droites, on lui donne l'intelligence de ce qu'on lui de-

mande par l'action de l'une et de l'autre ;
tandis qu'en même temps on lui apprend , en
le contenant de la rène gauche , à ne céder
à la droite que par degrés.

En renversant les effets des rènes et des
jambes , on se procure les mêmes avantages
à l'autre main.

*Moyens de confirmer le cheval dans l'ha-
bitude de faire la distinction des rènes et
des jambes.*

Ce n'est point assez d'être parvenu à faire
distingner au cheval l'effet particulier et relatif de chaque aide , il faut encore chercher
à le confirmer dans cette connoissance et à lui
procurer une plus prompte obéissance à leur
impression. Or, comme cela ne peut s'exécuter
qu'en raison de la sensibilité des parties sur lesquelles agissent ces aides , on doit travailler
sans relâche à en augmenter le sentiment ;
ainsi en marquant de fréquens demi-arrêts , en
formant des arrêts , en sciant des bridons , enfin en reculant les chevaux , on réveillera le
sentiment de la bouche. On en fera de même
pour les parties sur lesquelles agissent les jambes , en appelant de la langue , en faisant siffler
la gaule , en leur en donnant des coups , d'abord

légers derrière la botte, sur la croupe, dont on augmentera la force selon le besoin, et auxquels on joindra l'action des jambes, progressivement jusqu'aux éperons, s'il est nécessaire : par ces moyens employés avec mesure et discernement, on se mettra dans le cas de diminuer insensiblement dans chaque opération l'action des aides, sans que pour cela elle ait moins d'effet, c'est-à-dire, que les jambes se fermant moins et plus moelleusement, le cheval n'obéira pas moins avec moins de promptitude et de docilité ; que les rènes s'ouvrant, se tirant moins et avec moins de force, le cheval tournera, se portera et s'arrêtera avec la même obéissance que lorsqu'il avoit moins de sensibilité, et que l'action des mains étoit plus forte ; en diminuant ainsi leur mouvement, on parviendra par gradation à les rapprocher tout près l'une de l'autre, et par-là on accoutumera le cheval à céder à une impression plus légère, et on le préparera à obéir aux rènes, lorsqu'on les réunira dans une seule main, selon la distinction qui en a été faite : la même chose arrivera à l'égard des jambes, si on observe ce qui a été dit, et que pour les unes et les autres on fasse beaucoup d'usage des cercles augmentés et diminués, au pas et

au trot, beaucoup plus qu'au galop, et de la
leçon des hanches en dehors, ainsi que de la
tête à la muraille.

Moyens d'apprendre à un cheval à partir au galop.

Pour faire aller un cheval au galop, on doit
marquer un demi-arrêt de la rène de dehors,
et le placer de celle de dedans; et afin de l'obliger à rassembler ses forces dans les hanches,
on fermera en même temps la jambe de dedans; ces trois actions le prépareront à élever
le devant; alors, pour le déterminer à partir,
il faut appeler de la langue, en augmentant
l'effet de la jambe, en conséquence du plus ou
du moins de sensibilité du cheval à cette aide :
si cependant cela ne suffisoit pas, il faudroit
réitérer les mêmes moyens dont on s'est servi
pour le mettre au trot, et avoir toujours attention que l'effet des poignets, quoiqu'assez fort
pour élever le devant, ne le fût pas au point
de contrarier l'effet des jambes : dès qu'il sera
parti, on doit mollir les poignets, et continuer
l'action de la jambe pour entretenir son train;
s'il alloit trop vite, on auroit le soin de former
des demi - arrêts pour l'en empêcher; il ne
faut pas pour cela soustraire totalement l'effet

de la jambe , parce qu'alors il s'arrêteroit ; ou du moins il seroit le maître de le faire.

Dans cette opération , j'ai dit qu'il falloit marquer un demi-arrêt de la rène de dehors , parce qu'en même temps qu'il n'y a qu'elle qui puisse s'opposer à ce que les épaules tombent en dedans , elle contient l'épaule dè dehors , pendant qu'elle laisse à l'autre qui doit entamer le chemin toute la liberté nécessaire ; tandis que la jambe de dedans par son effet la détermine à faire ce mouvement , en même temps qu'elle porte et chasse les hanches sous lui. Quant à la rène de dedans , son objet, en le plaçant , doit s'étendre en même temps à empêcher les épaules de se porter trop en dehors , ainsi que les hanches de se jeter en dedans : ce qui s'opère dans le premier cas , en diminuant l'effet de la rène de dehors , et augmentant celui de le rène de dedans ; et dans le second , en opposant , par l'effet de la rène de dedans , les épaules aux hanches , sans discontinuer l'action de la jambe droite.

On trouve cependant des chevaux qui résistent à tous ces moyens et partent encore sur le mauvais pied , par l'habitude qu'ils en ont contractée : lorsque ce cas arrive , en se servant des mêmes moyens., il faut y ajouter , précisément dans l'instant où on les tient rassemblés pour les faire partir au galop, quelques coups de gaule sur l'épaule de dehors, qu'on portera en même temps beaucoup de ce côté : ces deux actions réunies à ce qu'on vient de dire, en contenant davantage l'épaule de dehors, laisseront plus d'aisance et exciteront l'épaule de dedans à agir la première; s'ils partoient encore faux, il faudroit les arrêter et répéter plusieurs fois la même chose; mais s'ils s'obstinoient dans leur désobéissance, il faudroit pour lors y ajouter la correction en pinçant ferme des deux et en contenant le devant, ainsi qu'il a été dit; il est cependant rare qu'on soit obligé d'en venir à cette extrémité.

On doit observer avec la plus grande attention, lorsqu'on dresse de jeunes chevaux, de les tenir très-peu de temps au galop, et de l'entremêler souvent du trot, afin de ne point épuiser leurs forces, et de leur laisser la faculté de soutenir facilement l'exercice qu'on exige d'eux : il ne faut pas non plus les obliger dans les commencemens à raccourcir trop leur train, parce qu'en les rassemblant ainsi au galop trop tôt, on pourroit leur fatiguer les hanches et peut-être même leur ruiner les jarrets; il ne s'ensuit pas pour cela qu'on doive

les laisser aller trop vite , ni sur les épaules,
car alors ils auroient moins de sûreté. Ces
deux inconvéniens sont deux extrêmes qu'il
faut également éviter , en choisissant un train
modéré où ils puissent être à leur aise ; car l'objet du galop dans les premières leçons n'étant
que de leur donner la connoissance de ce qu'on
leur demande, tout doit tendre à ce but ; ainsi,
pour y parvenir, il est inutile de les rassembler, en les faisant aller au petit galop, ou
de les étendre, en les menant au grand train.
Nous verrons par la suite comme on peut insensiblement les amener à ce point en conservant leur équilibre.

Les leçons doivent aussi être fort courtes
pour en retirer du fruit et ne point énerver
les chevaux ; les longues reprises les ennuient
et les excitent souvent à la désobéissance,
parce qu'en les fatiguant, elles leur ôtent insensiblement la force et les moyens de répondre
à ce qu'on leur demande : il arrive de là que
le cavalier, faussement persuadé que l'humeur
du cheval cause sa résistance, passe de la douceur au châtiment : bientôt tous deux s'aigris-
sent et s'excèdent également ; dès-lors l'homme
a moins de force pour faire obéir le cheval,
et le cheval, moins de faculté pour répondre

aux aides, ce qui le confirme dans sa résistance aux volontés du cavalier : ainsi, comme on doit éviter tout ce qui peut y contribuer, il faut, comme je l'ai dit, faire les reprises très-courtes et les multiplier, s'il est nécessaire. Un des motifs encore qui porte le plus les chevaux à se défendre est l'ignorance où ils sont de ce qu'on veut leur faire exécuter; il est donc de toute nécessité, avant que de l'entreprendre, de leur en donner la connoissance, de s'armer de patience et de douceur, pour leur faire répéter les mêmes choses, jusqu'à ce qu'enfin on soit parvenu à leur faire comprendre ce qu'on désire d'eux; c'est ainsi qu'on parvient à les rendre obéissans, sans prendre sur leurs qualités naturelles; celles qu'on veut leur faire acquérir, bien loin de les détruire, doivent les conserver et même les accroître, s'il est possible : c'est par cette raison que, toutes les fois qu'un cheval a de la propension à se défendre, on doit chercher la cause qui peut l'y porter, jusqu'à ce qu'on l'ait trouvée; car dès qu'elle est une fois connue, on est en état d'y appliquer le remède convenable.

A la fin de chaque reprise, il faudra le promener au petit pas, aux deux mains : cette

méthode est excellente pour apaiser les chevaux , et. leur donner de la confiance à la
main et aux jambes.

Moyens d'apprendre au cheval à reculer.

On doit aussi , avant de le renvoyer , le faire
reculer : pour cela , le cavalier se servira des
bridons , en tirant et ouvrant d'abord les rènes
également : si le cheval résiste à cette action ,
il faudra scier des bridons , c'est-à-dire que ,
par le moyen de l'action des poignets , que
l'on fera aller alternativement et vivement
l'un après l'autre , on fera agir l'embouchure
dans la bouche du cheval à peu - près comme
une scie : ce frottement rendant l'effet de cette
embouchure beaucoup plus fort et plus sensible que celui qu'elle fait par la seule action
de tirer ou d'ouvrir les poignets , le détermine ordinairement à reculer; cependant ,
comme il arrive que cela n'est pas toujours
suffisant , il faudra alors faire usage des moyens
proposés relativement au même objet, page 110
et suivantes : pendant ce temps , l'élève doit
sans cesse agir des mains , soit en tirant et
ouvrant les bridons , soit en sciant , soit enfin
pour les lui rendre ; car pour ne point échauffer
la bouche du cheval , il faut de temps en temps

donner du relâche à cette partie. En réunis-
sant à toutes ces choses la prudence, la douceur, la patience et le temps, on viendra sûrement à bout de remplir son objet : dès que
le cheval aura reculé, on doit l'arrêter, le
flatter et le renvoyer. Un seul pas suffit pour
lui faire connoître ce qu'on désire de lui, et
met dans le cas d'en obtenir davantage aux leçons suivantes, et d'arriver par gradation au
point de le faire reculer autant et comme on
veut : dans ces commencemens, on ne doit pas
s'embarrasser s'il recule de travers, l'objet
principal alors étant de le contraindre à céder
à l'action des poignets ; mais quand il ne fait
plus de résistance, on doit exiger qu'il recule
droit, et pour cela, on observera le côté où
ses hanches ont le plus de penchant à se porter,
pour y opposer les épaules, et cela toujours
en reculant, et de manière que cette opposition contre-balance l'effort que l'arrière-main
fait pour sortir de la ligne droite : la répétition
de ce moyen l'habituera insensiblement à ne pas
s'en écarter ; mais pour peu qu'il obéisse, il
faut s'en tenir là et beaucoup le caresser. Je
reviens souvent à cette réflexion, mais elle est
si essentielle que je crois nécessaire de ne pas
la laisser perdre de vue.

Il n'est pas moins essentiel d'observer qu'on rencontre des chevaux qui ont les jarrets si foibles ou si douloureux, que, lorsqu'on veut les contraindre à reculer, ils se cabrent : il faut pour ceux-ci employer beaucoup de finesse et de justesse dans l'action des poignets, et lorsqu'on sent qu'ils vont élever le devant, leur rendre toute la main et les porter en avant; après quoi on essaiera encore, jusqu'à ce que l'on soit parvenu à les faire reculer un pas : il ne faudroit pas même l'exiger dès la première, seconde et troisième fois, si l'on voyoit qu'il leur coûte trop; il vaudroit mieux, dans le cours des leçons, marquer souvent des demi-arrêts, ou les arrêter effectivement tout-à-fait et fréquemment : en les accoutumant ainsi à céder à l'impression de la main, on les disposera à y obéir, lorsqu'on voudra les faire reculer.

On en voit encore qui ont tant de sensibilité dans les barres, ou qui ont la bouche si égarée, que la moindre action de la main, quand on veut les reculer, les fait précipiter en arrière avec tant de vivacité, qu'il seroit très-dangereux de ne point les arrêter : on y parvient en fermant les jambes plus ou moins, selon leur sensibilité, ayant en même temps la plus grande attention de rendre toute la main ; mais si cela ne suffit pas pour les corriger de ce défaut ; il faut, dès qu'ils cherchent en reculant à se presser, les porter d'abord huit ou dix pas en avant, ensuite sept ou huit, et diminuer ainsi progressivement à mesure qu'on obtient qu'ils reculent plus lentement : par ce moyen on leur inspire plus de crainte des jambes qu'ils n'en ont de l'effet du mors, et on parvient insensiblement à remplir son objet.

On se servira de la méthode de scier des bridons, plus ou moins, selon le besoin, dans toutes les occasions où l'on sent que le cheval cherche à forcer la main.

CHAPITRE II.

Moyens de mettre les Chevaux droits.

Pour parvenir à mettre un cheval droit, il est essentiel de se rendre maître de ses épaules ; et comme on ne peut le faire, ainsi que je l'ai remarqué, sans l'obéissance à l'effet des rênes, il est de toute nécessité de le laisser à la longe, en lui faisant exécuter toutes les opérations qu'on vient de voir, jusqu'à ce qu'il ait acquis cette connoissance.

Première leçon par le large.

Lorsqu'on sera parvenu à ce point, il faudra lui ôter la longe et le mener par le large; d'abord on commencera par le conduire droit devant lui au petit pas; en le menant ainsi, on observera plus facilement, s'il n'a point de propension à laisser tomber ses épaules plutôt d'un côté que de l'autre, et en conséquence on les reportera, autant qu'il est nécessaire, de la rène de dehors s'il les laisse tomber en dedans, et de celle de dedans s'il les laisse tomber en dehors. Il ne faut pas s'inquiéter, si, en redressant les épaules, il laisse tomber ses hanches : comme on ne sauroit parer à tous les défauts en même temps, et que l'objet principal est d'abord de se rendre maître de la partie du devant, on doit se relâcher sur ceux que l'action des rènes peut occasionner dans la partie de l'arrière-main : attaqués séparément et par ordre, ils seront plus aisés à détruire; on joindra simplement dans cette opération, à l'action des rènes, l'effet de la jambe, afin d'entretenir le train du cheval.

Quand on est donc parvenu à contenir les

épaules au point où elles doivent être, il faut alors travailler aux hanches : leurs défauts les plus essentiels sont,

1°. De se traverser, c'est-à-dire, de se porter par des mouvemens plus ou moins précipités, alternativement de côté et d'autre : ces mouvemens des hanches se communiquent nécessairement aux épaules, si on n'a la précaution de fixer celles-ci par une tension moelleuse et continue des rênes, et d'y joindre, pour corriger les premières, l'effet de la jambe de dedans, qui, chassant sans relâche les hanches en avant, leur ôtera la facilité de vaciller, et les contraindra insensiblement à ne point sortir de la ligne droite qu'elles doivent parcourir.

2°. Le cheval peut porter et tenir les hanches plutôt d'un côté que de l'autre ; si c'est en dedans, il faut faire agir sans interruption la jambe de dedans, et l'on contiendra le devant, afin que l'effet de la jambe employé avec plus de force que pour chasser simplement les hanches du cheval en avant et sous lui le détermine à les porter de côté et sur la ligne des épaules ; lorsque la jambe ne suffit pas, on doit y joindre l'effet de la rène de dedans, pour opposer continuellement les épaules aux hanches. On doit se rappeler que l'action particulière de la rène de dehors, de la rène et de la jambe de dedans, doit être en proportion du besoin qu'on en a, et de l'effet qu'on attend de chacune de ces aides : on doit aussi se ressouvenir que la langue et la gaule doivent leur prêter secours en cas de résistance : avec ces attentions, on parviendra sûrement à détruire l'habitude du cheval et à le mettre droit.

3°. Si ses hanches se portent en dehors, le moyen le plus sûr pour y remédier est l'opposition des épaules aux hanches par l'action de la rène de dehors, mais on doit toujours faire usage de la jambe de dedans, afin que son effet empêche les hanches de trop se porter de ce côté.

En se servant à propos des moyens qu'on vient de voir, on contiendra le cheval droit, le long des murs que l'on suivra exactement au petit pas, sans cependant exiger dans les commencemens qu'il entre dans les coins, *Planche I,* parce que cela pourroit lui occasionner, dans *fig. 1.* les hanches et dans les jarrets, des efforts qui à la longue affoibliroient et pourroient même ruiner ces parties : il faut leur donner le temps de se fortifier ; et, à mesure qu'elles prennent davantage de nerf, on tâche peu-à-peu de le faire entrer davantage dans les coins, en proportionnant les demandes qu'on lui fait aux forces qu'il acquiert et à ses progrès.

Seconde leçon par le large.

Lorsqu'on aura suivi les murs quelque temps, il faudra le mener sur les cercles, et les diminuer et les augmenter, ainsi qu'il a été dit à la leçon de la longe, avec cette différence cependant qu'on finira par rejoindre le mur ; on doit souvent faire usage de la leçon des cercles dans le cours et à la fin des reprises. *Pl. VIII, fig. 3.*

On doit aussi dans le cours des reprises employer fréquemment l'opération du doubler, et sur-tout par le milieu ; il est difficile d'y contenir le cheval droit, parce qu'on n'est pas aidé des murs qui ne laissent pas d'être d'un grand secours ; mais comme on l'a préparé par les cercles à l'obéissance de l'effet des rènes et des jambes, cette opération devient plus facile, et l'action des mains et des jambes est la même que celle qu'on emploie pour le tourner et le contenir le long du mur.

Changement de main.

On doit ensuite le faire changer de main, en

commençant cette opération et la finissant ; ainsi qu'il a été dit, première partie, page 61 et suivantes : pour cela on se servira des moyens donnés à la leçon de la longe, en dirigeant en conséquence l'action des mains et des jambes.

Toutes ces opérations doivent être exigées au trot, dès qu'on voit que le cheval les exécute facilement au pas ; et on aura attention d'augmenter son train, en se conformant à ses progrès ; on doit observer de ralentir son train à la fin de chaque changement de main ; après chaque reprise de trot, on le promènera au petit pas, tantôt droit, tantôt en cercle, enfin en le reportant de droite à gauche et de gauche à droite : on peut tirer de cette méthode de grands avantages, soit pour le rendre obéissant, soit pour lui procurer plus de connoissance, de finesse, de sensibilité et de confiance aux aides ; avant de le renvoyer, on le fera reculer pour lui en donner l'habitude.

Lorsqu'on jugera que le cheval a acquis assez de connoissance des aides pour qu'il puisse entreprendre une reprise au galop, il faudra le faire partir, ainsi qu'il a été dit, en observant de l'arrêter au trot à la fin de chaque changement de main, et sur-tout il est nécessaire d'avoir la plus grande attention qu'en joi-

gnant le mur, ses épaules y arrivent les premières. Pour les`y attirer, on se servira de la
rène de dedans, et afin d'en rendre l'effet plus
certain et d'empêcher en même temps que le
cheval, pour éviter la sujétion, ne pousse ses
hanches sur le mur, ce qui arrive assez ordinairement, on fermera la jambe du même
côté.

Dès qu'on sera parvenu à contenir, en arrivant au mur, les épaules et les hanches, il faudra finir le changement de main au galop;
mais alors, pour faire reprendre le cheval,
on doit, en même temps qu'on arrive, arrêter
de la rène qui devient celle de dehors, ouvrir l'autre qui devient celle de dedans, et
chasser les hanches en avant avec la jambe de
dedans devenue celle de dehors, jusqu'à ce
qu'il ait repris; c'est ainsi que par la répétition
de ces trois actions exécutées à propos et d'accord, on parviendra à obliger un cheval à reprendre en arrivant au mur : dès qu'il commence à changer facilement de pied, on parvient aisément à le faire reprendre droit, c'est-
à-dire à le faire changer de pied à l'instant où
il est parallèle au mur, ce qui s'exécute en
diminuant par degré l'effet de la jambe et de
la rène qui se trouvent du côté du mur, et en

ouvrant davantage et peu-à-peu l'autre rène, pour attirer les épaules de l'autre côté : après qu'il aura repris, on doit suivre le mur, sans exiger cependant encore qu'il entre dans les coins ; car le cavalier, dans ces commence-mens, courroit des risques, qu'on évitera en arrivant au mur, plutôt qu'on ne feroit si le cheval étoit en état de le suivre jusque dans le coin, avant lequel on aura le soin de le tourner.

Leçon des hanches en dehors.

Tous ces moyens ayant donné au cheval une connoissance des aides suffisante pour que le cavalier en soit le maître à un certain point, afin de perfectionner cette connoissance et d'en étendre les effets, il faudra se servir de la le-con des hanches en dehors ; ainsi, lorsqu'il aura été suffisamment exercé au pas, au trot et au galop, avant de le renvoyer, en le pro-menant, comme à l'ordinaire ; au petit pas en cercle, on lui amènera peu-à-peu avec la rène de dedans les épaules de ce côté, tandis que la rène de dehors les contiendra, en les fai-sant cheminer en dehors ; en même temps la jambe de dedans, qui par son action doit tou-jours entretenir le train du cheval, en portant les hanches en avant, augmentera son effet, pour les porter insensiblement vers la circonférence, jusqu'à ce que les épaules se trouvent en face du centre, de manière que tirant une ligne droite de ce point à la circonférence, elle partageât également le cheval dans toute sa longueur : quoique dans cette opération il aille de côté, il faut néanmoins qu'en même temps tous ses mouvemens soient dirigés en avant, c'est-à-dire que ses jambes de devant et de derrière du côté de dedans, croisent et passent par-dessus et devant celles du côté de dehors : si elles passoient par-dessous, le cheval reculant seroit nécessairement sur les épaules, et par conséquent contraint ; de là il arriveroit qu'il prendroit de l'appui sur la main, qu'il se traverseroit et enfin résisteroit à l'effet des aides : il faut donc, pour éviter ces inconvéniens, avoir attention de le porter toujours en avant, et de ne pas se presser de le mettre sur la ligne dont il vient d'être parlé : on doit être très-satisfait, pour peu qu'à chaque leçon on parvienne à approcher les épaules et à éloigner les hanches du centre, car l'empressement nuiroit plus aux progrès qu'il ne pourroit servir : si cependant on prévoit qu'il soit possible alors d'exiger davantage, sans prendre sur les qualités du cheval, on fera bien de profiter de ses facultés et des dispositions qu'il montre ; mais on doit bien prendre garde d'en mésuser.

Cette leçon donnée, et suivieavec toute l'attention qu'elle exige, lui procurera non seulement de l'adresse et de l'aisance, mais aussi plus de confiance et de sensibilité ; de manière qu'elle le conduira insensiblement à obéir à l'impression la plus légère du tact du petit doigt, et à la plus fine pression des jambes.

CHAPITRE III.

Moyens d'accoutumer les Chevaux à l'embouchure de la Bride.

Dès qu'on sera parvenu à donner à un cheval assez de connoissance du grand bridon pour qu'il y obéisse sans trop de résistance, on lui ôtera le filet ou petit bridon, et on lui mettra, avec le grand bridon, une bride, dont l'embouchure sera une buade ou le mors le plus doux que faire se pourra : les rênes de la bride ou du bridon seront séparées, les premières flottantes, afin qu'elles ne puissent faire aucun effet sur la bouche du cheval ; car il ne s'agit d'abord que d'accoutumer ses barres à supporter le poids du mors , et pour cela , on ne le doit travailler alors qu'avec le bridon : toutes les fois qu'on le finira , il faudra se servir moelleusement de la bride , et entremêler souvent son effet de celui du bridon : quand il supportera au pas l'action du mors sans inquiétude, on essaiera de s'en servir de même au trot, les rènes séparées ; si cela ne réussissoit pas , il faudroit revenir sur ses pas , et, après quelque temps , faire une seconde tentative : si au contraire il obéit sans trop de difficulté , on poursuivra l'opération , en quittant tout-à-fait le bridon , et en se conformant pour l'usage de la bride à ce qui a été dit pour le bridon , c'est-à-dire qu'on arrivera par les mêmes moyens , et par gradation, jusqu'à la leçon du galop, diminuant de même insensiblement l'éloignement des poignets, afin de parvenir à réunir les rènes dans une seule main , en conservant toujours l'effet distinctif de chacune d'elles.

Ce ne peut être qu'à force de répéter les mêmes choses souvent et long-temps qu'on peut se flatter d'y plier le cheval ; et, comme en travaillant à lui donner la connoissance des rènes, on est obligé d'agir des jambes, on lui communique en même temps la connoissance de celles-ci : dès qu'il est parvenu à obéir à leur effet, on est certain qu'avec le temps on le dressera aussi parfaitement qu'il est possible, et qu'on lui fera exécuter les opérations les plus difficiles, pourvu qu'on les lui demande par ordre, commençant par la plus aisée, et remontant par gradation ; ainsi, après l'avoir exercé, comme nous l'avons dit, par les reprises ordinaires, pour le disposer à une nouvelle opération, il faudra le promener au petit pas et en cercle, les hanches en dehors.

De la Tête au mur.

Lorsqu'on le sentira confirmé dans l'obéissance que l'accord de la main et des jambes doit nécessairement produire, on le conduira droit au grand mur, jusqu'à ce qu'il forme avec lui deux angles droits : alors on l'arrêtera, et on le caressera, pour l'entretenir dans la confiance aux aides ; ensuite on l'ébranlera, et en même temps on lui portera les épaules *Pl. VII,* du côté où on veut le faire aller, de ma- *fig. 6.* nière que le cheval ne forme plus qu'un angle obtus du côté où il va, et un angle aigu,

aussi petit qu'il est possible, du côté opposé ;
dès qu'il aura fait un ou deux pas dans cette
position, il faudra l'arrêter et le caresser, pour
lui faire connoître qu'il a bien fait : on peut
ensuite répéter la même chose plusieurs fois *Pl. VII,*
aux deux mains, avant que de le renvoyer ; *fig. 7.*
à la leçon suivante on en exigera davantage,
à la troisième un peu plus, et successivement
jusqu'à ce qu'il puisse gagner le coin dans cette
situation.

A mesure que le cheval, à cette leçon,
prendra plus d'aisance et aura plus de facilité
pour exécuter cette opération, il faudra augmenter par progression l'effet de la jambe et
de la rène de dehors, afin de le faire fermer
davantage ; car sur ce point on doit s'attacher
à obtenir à chaque leçon quelques degrés de
plus, jusqu'à ce qu'enfin on soit parvenu à
lui faire former avec le mur deux angles, *Fig. 8.*
ainsi qu'il a été dit dans la première partie,
en parlant de la tête au mur et du changement
de main, pages 61 et 81.

Du changement de main sur les hanches.

Comme l'opération de la tête au mur donne
l'habitude au cheval de fuir les talons, il faudra *Pl. II,*
se servir des mêmes moyens pour les chan- *fig. 1 et 2.*

gemens de main , on observera de les faire
d'abord au pas , ensuite au trot , puis au galop,
en ne faisant passer le cheval de l'un à l'autre
qu'en conséquence des progrès qu'il aura faits;
on aura de plus le soin dans les commencemens de cette leçon, lorsqu'on le mènera au
galop , de l'arrêter au pas à la fin de chaque
changement de main , de le mettre alors parallèle au mur pour le faire repartir droit , et
peu-à-peu on l'amènera à reprendre ainsi d'un
pied sur l'autre sans s'arrêter , en faisant usage,
à la fin de chaque changement de main , de
la rène de dehors pour arrêter le devant , de
celle de dedans pour le placer , et de la jambe
du même côté pour l'asseoir et le déterminer
à partir en élevant le devant.

Dans toutes ces opérations , on voit fréquemment les hanches se mettre de travers
et forcer la jambe de dedans : chaque fois
que cela arrive , on doit se ressouvenir de
leur opposer les épaules en les portant en dedans ; sans quoi les hanches gagnent du terrein insensiblement sur elles , de manière que
le cheval va le cul le premier , et qu'alors
il est presque impossible de le remettre droit
et de l'empêcher d'aller trop vite , attendu le
défaut d'équilibre.

(149)

De la Demi-volte.

Dès qu'on sera parvenu à obtenir un changement de main, comme il faut, en tenant des hanches, il sera aisé de faire exécuter la demi-volte, puisqu'ainsi qu'on l'a vu, cette opération est un composé du doubler et du changement de main, et qu'alors elle n'exige plus de la part de l'animal que de l'habitude.

Pl. III, fig. 3 et 4.

Du contre-changement de main.

Le contre-changement de main entraîne plus de difficultés au galop, parce qu'il s'agit d'accoutumer le cheval à reprendre, sans que les hanches quittent la ligne des épaules, chose très-difficile, lorsqu'on n'a point, comme dans cette opération, le secours du mur; c'est pourquoi, avant de lui faire exécuter cette opération au galop, pour l'habituer à changer de pied librement, il faudra, en le galoppant sur les cercles, le faire passer et le tourner à chaque instant d'une main à l'autre, sans pour cela interrompre son train; dans l'instant qu'on le tourne, pour le prendre à l'autre main, on doit faire usage des moyens que j'ai indiqués pour le faire partir : ceux qui se serviront de suite et quelque

Pl. IV, fig. 1, et Pl. V, fig. 1 et 2.

Pl. VIII, fig. 5.

temps de cette méthode en reconnoîtront bientôt l'utilité.

Lorsque le cheval aura acquis la facilité de reprendre, on pourra lui faire exécuter le contre-changement de main au galop, en observant la même gradation que pour le faire reprendre à la fin des changemens de main.

Du Huit de chiffre, de la Volte et de la Volte renversée.

Planche VI,
fig. 1, 2, 3
et 4.
Pl. VII,

On suivra la même règle pour le huit de chiffre, la volte et la volte renversée ; car lorsqu'un cheval a les qualités suffisantes pour entreprendre ces opérations, et que d'ailleurs il est obéissant à l'effet de chaque rène et de chaque jambe, il ne s'agit alors que de lui en faire contracter l'habitude par la pratique des moyens qu'on a détaillés ci-dessus et de ceux qu'on a donnés dans la première partie de ce Traité.

Des Coins.

Planche I,
fig. 1.

On y a vu aussi les moyens qu'on doit mettre en usage pour faire passer les coins ; afin d'accoutumer le cheval à y entrer, dès qu'en tournant, son équilibre sera bien assuré, on emploiera ces moyens pour l'en faire approcher par degrés le plus qu'il sera possible et en se conformant à ses progrès ; lorsqu'il les passera sans difficulté et sans se mettre sur les épaules, pour le perfectionner dans cette opération, il faudra à la fin de son travail le promener le long des murs, les hanches en dehors ; et lorsqu'on approchera du coin, le redresser insensiblement, jusqu'à ce qu'il soit parallèle au mur qu'il suivra ainsi jusque dans l'angle ; ensuite on le tournera par degré moellensement, le long de l'autre mur, portant toujours ses hanches en avant, qui doivent exactement passer par tous les points de la ligne décrite par les épaules : quand il aura passé tout-à-fait le coin, on le reprendra, les hanches en dehors, pour suivre le mur, et l'on répètera ceci à chaque coin : pendant le cours de cette leçon, on doit avoir la plus grande attention de donner au cheval autant de liberté de la main qu'il est possible, afin qu'il exécute ce qu'on lui demande avec aisance et liberté ; il est bon quelquefois, lorsqu'il a bien passé un coin, de l'arrêter, de le caresser et de le renvoyer.

Du bout du nez en dedans.

Dès le moment qu'un cheval commence à connoître les rênes et qu'on est parvenu à le mettre droit ; comme on est le maître de ses épaules , on doit, dans le cours des opérations, s'attacher à le placer, c'est-à-dire lui amener le bout du nez en dedans , ce qui se fait insensiblement par le moyen de la rène et de la jambe de dedans , qui pour cela se prêtent un secours réciproque , on relâche aussi un peu la rène de dehors , mais de manière que les épaules ne puissent pas suivre l'impression de la rène de dedans , dont l'effet ne doit qu'attirer la tête et donner à l'encolure un pli qui doit commencer au garrot , et gagner imperceptiblement jusqu'au bout du nez, en conservant toujours la tête d'aplomb , de façon qu'une ligne verticale abaissée du milieu des deux oreilles touchât le chanfrein dans tous ses points , et qu'elle le partageât dans toute sa longueur en deux parties égales ; on sent bien que ce principe est relatif à la conformation de l'animal , et qu'il doit être modifié en conséquence.

CHAPITRE IV.

Du Passage.

Le passage, étant l'air le plus ordinaire à un cheval de manège, doit trouver sa place ici.

Cette allure, qui n'est précisément qu'un trot raccourci, vif et cadencé, demande plus de feu, de liant et de nerf de la part du cheval, parce que ses mouvemens étant plus répétés et plus trides que dans le trot naturel, il ne peut accélérer l'action de tous ses ressorts qu'en proportion de sa vivacité, de sa force, de sa liberté et de sa souplesse : cet air semble relever et embellir en quelque sorte le cheval de revue ou de parade, et par conséquent il est très-agréable, il l'est sur-tout pour celui de manège, qui, lorsqu'il est dressé, au lieu de faire les reprises au trot, les exécute au passage : il est des chevaux qui en ont naturellement ; et à ceux-ci, pour le leur conserver, il ne s'agit que de diminuer insensiblement leur trot, d'entretenir leur action avec l'aide de la langue et des jambes, et même de l'augmenter, s'il est possible, en les rassemblant : il en est d'autres auxquels on n'en peut jamais donner, parce qu'ils n'en ont pas les facultés; enfin il en est qui n'en ont pas naturellement, mais auxquels l'art peut en procurer : quant à ceux-ci, lorsqu'après avoir employé les mêmes moyens que pour les premiers, ils sont inutiles, il faut se servir de la leçon des piliers, ainsi qu'il va être expliqué.

Des Piliers.

On commencera par mettre un caveçon de piliers au cheval; ensuite on attachera les cordes aux piliers assez courtes, pour qu'en tirant dessus il ne puisse pas passer sa croupe de l'autre côté des piliers; assez longues, pour qu'en tirant également sur les deux cordes, les piliers se trouvent à-peu-près vis-à-vis les hanches; assez basses, pour qu'il ne puisse pas passer par-dessous; enfin assez hautes, pour qu'il ne soit contraint ni à baisser la tête, ni à plier l'encolure.

Lorsqu'il sera ainsi attaché, on passera avec une chambrière à côté et derrière lui, en se tenant assez éloigné, pour qu'il ne puisse pas atteindre, s'il ruoit : placé ainsi, on élèvera la chambrière doucement vis-à-vis les hanches, pour ne point le surprendre; en même temps on se servira du terme d'*adela*, pour le faire ranger, c'est-à-dire pour lui faire porter la croupe du côté opposé à celui où l'on est : si ces moyens ne réussissoient pas, il faudroit frapper la terre avec la chambrière, en appelant de la langue ; ensuite on lui en donneroit quelques coups, du côté où l'on est, sur la croupe : enfin on augmenteroit par gradations, soit les avertissemens, soit les châtimens, jusqu'à ce qu'il eût obéi : dès qu'il a fait le moindre mouvement de côté, on doit, pour le faire arrêter, lui dire, *hola*; et s'il s'arrête, le caresser, afin de lui faire connoître qu'il a fait ce qu'on vouloit de lui. En suivant exactement cette méthode, il est certain qu'à la seconde leçon on obtiendra davantage, et que successivement on arrivera au but qu'on s'est proposé, sans être obligé de battre le cheval et sans lui fatiguer les jarrets, ce qui arrive presque toujours, parce qu'on veut trop exiger, sans s'embarrasser s'il est ou n'est pas en état de répondre à ce qu'on lui demande. Le même motif doit aussi arrêter dans les commencemens, pour ne pas le trop porter dans les cordes : comme il s'agit alors d'obtenir de lui qu'il se range d'abord de côté, pourvu qu'il le fasse, on ne doit pas se mettre en peine s'il recule , parce que , quand une fois on aura gagné le premier point , on aura moins de difficulté d'obtenir de lui qu'il se porte en avant. On y parviendra en élevant la chambrière vis-à-vis et à la hauteur des épaules , lorsque ce sont elles qui tombent du côté où l'on s'est placé ; et on l'élèvera derrière , si le cheval reculoit droit , en s'en servant selon les occasions et faisant usage du châtiment , ainsi qu'il a été dit plus haut ; on doit sur-tout faire la plus grande attention à la partie qui pèche , afin que la correction soit dirigée sur elle.

Comme on ne sauroit tirer aucun avantage de la leçon des piliers , si le cheval ne donne pas dans les cordes ; de manière qu'elles soient tendues (non que j'entende par-là qu'il se fasse porter par elles , mais seulement que par un léger appui , il les empêche d'être flottantes.) , il faut que tous les moyens dont on se sert soient dirigés vers cet objet : le fruit de cette leçon sera l'équilibre , parce qu'on oblige par ce moyen le cheval à prendre son point d'appui sur les hanches ; mais comme on ne peut pas y arriver tout d'un coup , on doit se contenter de le porter un peu en avant à chaque leçon , à moins que ses facultés ne luï permissent d'en faire davantage : il est à remarquer que chaque fois que l'on gagne sur lui quelque chose, il faut s'appliquer à lui procurer plus d'action dans ses mouvemens ; pour çela, on passera alternativement d'un côté à l'autre, observant de le faire arrêter dès qu'il aura obéi ; ensuite on répètera les mêmes choses sans interruption ; c'est ainsi qu'insensiblement on accélèrera ses mouvemens, par la vivacité avec laquelle on le portera de côté et d'autre, sans lui donner le temps de s'arrêter : ce mouvement continuel où on le tiendra lui donnera par là suite du liant, de l'action et du tride dans les hanches ; ce qui, tourné en habitude, formera ce que nous appelons *piaffer* : cet air n'est qu'une espèce de trot relevé, qui s'exécute dans la même place. Or si l'on rapproche l'idée que nous avons donnée du passage de celle qu'on vient de donner du piaffer, on verra que le premier, étant composé du dernier réuni avec le trot, il sera aisé, lorsqu'un cheval aura acquis ces deux allures séparément, de lui donner du passage, puisqu'il ne s'agit alors que de diminuer son train lorsqu'il trotte, et d'entretenir en marchant l'action qu'il avoit en piaffant.

Pour apprendre au cheval à lever la courbette, dès qu'il exécutera avec aisance dans les piliers ce qu'on vient de dire, il faudra faire placer à côté des piliers deux hommes munis d'une gaule, pour toucher devant, lorsqu'on le leur dira ; l'instant qu'il faut saisir pour cela est celui où, après avoir fait donner le cheval dans les cordes, on l'a mis en action et sur ses hanches, afin que, rassemblant ainsi toutes ses forces dans cette partie, il soit en état d'élever le devant, et qu'il n'y ait plus qu'à l'exciter à le faire par le moyen de quelques légers coups de gaule sur le poitrail, qu'on augmentera selon le besoin, en appelant de la langue et en élevant la chambrière pour le porter en avant : dès qu'il aura levé le devant, on doit l'arrêter et le faire caresser par les personnes qui ont touché, afin qu'il n'en prenne point d'ombrage ; on le laissera reposer un moment pour lui faire répéter les mêmes choses à l'autre main : à mesure qu'on verra des progrès, on augmentera le nombre des courbettes, et on exigera qu'il fournisse la dernière plus haute que les autres.

S'il arrive qu'il lève ses courbettes, comme s'il faisoit des pointes lorsqu'on l'aura habitué à les lever de suite ; pour le corriger de ce dé-

faut , il faudra faire toucher par derrière par
une personne qu'on placera à côté du pilier
contre lequel le cheval se trouve rangé ; et
d'abord on le fera toucher légèrement sur la
croupe, mais de manière que la gaule em-
brasse dans son action toute cette partie : s'il
n'y répondoit pas, on augmenteroit la force
des coups par degrés , jusqu'à ce qu'on ait
obtenu une ruade : et dès qu'il aura obéi , on
l'arrêtera et on le fera caresser ; c'est ainsi qu'on
parviendra à l'accoutumer à répondre du derrière , et alors on fera toucher devant , et s'il
l'élève trop , on fera aussi toucher derrière ,
afin que , par cette diversion , étant forcé de
prendre un point d'appui sur le devant , pour
détacher sa ruade, il ne puisse pas l'élever plus
qu'il n'est nécessaire , par la promptitude avec
laquelle il est obligé de le laisser retomber. Si ,
en levant à courbette lorsque le devant est en
l'air , il étendoit ou battoit des jambes de devant , il faudroit lui donner des coups de gaule
dessus , pour empêcher qu'il n'en prît l'habitude.

On peut aussi employer utilement la leçon
des piliers pour les chevaux froids, pour ceux
qui sont naturellement lents , ou ceux qui sont
paresseux , et qui, malgré cela , ont de la vi-

gueur pour fournir la ruade. En la détachant, ils sont obligés de faire agir tous leurs muscles, et il est aisé de sentir que ces mouvemens répétés peuvent leur dénouer les hanches, conséquemment leur donner plus d'aisance et plus de liant, et leur procurer plus d'action, de sensibilité et de finesse; tous ces avantages, joints à leur vigueur, les rendent par la suite plus propres aux opérations qu'on veut en exiger.

Des Courbettes en liberté.

Quand un cheval lèvera aisément à courbettes dans les piliers, sans qu'il y ait personne dessus, il faudra alors le faire monter et faire aider le cavalier par des personnes à pied qui seront placées, ainsi qu'il a été dit ci-devant : à mesure que le cheval fera des progrès et montrera plus de volonté de lever le devant, on diminuera aussi l'effet de la chambrière et des gaules, afin qu'insensiblement il parvienne à lever à courbette, sans autre secours que les aides du cavalier, c'est-à-dire par sa main, ses jambes, l'appel de la langue et l'usage de sa gaule qu'il fera agir, comme on a vu dans la première partie. Quand on aura habitué le cheval à lever à courbette régulièrement, de

manière que le devant s'élève assez sans s'é-
lever trop, et que, dès l'instant qu'il retombera
à terre, il se relèvera aussitôt par l'action des
hanches qui doivent se porter en avant et sous
lui, on l'ôtera des piliers et on le mènera au
petit pas le long du mur; un homme placé à
côté de l'épaule, et à portée de toucher avec
une gaule, le suivra jusqu'à ce qu'on lui dise
d'en faire usage. Lorsque le cheval sera droit,
il faudra que le cavalier le rassemble, sans cependant trop le tenir, et le mette en action
pour l'exciter à élever le devant; c'est cet instant qu'il saisira pour toucher légèrement sur
l'épaule, tandis que la personne à pied doit
aussi toucher sur le poitrail; la première fois
il suffit d'obtenir une seule courbette; on en
exigera davantage, selon les progrès, dans les
leçons suivantes, jusqu'à ce qu'enfin il puisse
au moins en lever de suite cinq ou six, plus
ou moins, selon ses facultés; à cette leçon,
ainsi qu'à celle des piliers, on doit diminuer
peu-à-peu l'effet des moyens dont on se sert
pour lui faire lever le devant; pour le régler
dans ses courbettes, il faudra toucher devant,
chaque fois que le devant retombe à terre, jusqu'à ce qu'il s'élève, la main et les jambes doivent concourir à cet effet avec la gaule dont on

suspendra l'action dès que le cheval aura obéi. J'ai observé si souvent qu'il falloit faire connoître aux chevaux lorsqu'ils avoient bien fait, et ne pas les rebuter par de longues leçons, que je me crois dispensé de remettre dorénavant cette maxime sous les yeux.

Quand on aura réglé les courbettes le long du mur, il sera aisé d'en obtenir, soit dans les changemens de main, soit dans la demi-volte, ou dans telle autre opération que ce soit, si le cheval en a les facultés, parce qu'ayant gagné sur lui l'obéissance, il ne s'agit plus que de lui faire connoître ce qu'on désire.

Des Sauteurs dans les piliers.

Comme les sauteurs sont très-nécessaires pour donner de la fermeté aux écoliers, on doit choisir le cheval qui a le plus de vigueur et de légèreté.

Pour parvenir à le faire sauter dans les piliers, on observera d'abord tout ce qui a été dit ci-dessus, soit pour toucher devant, soit pour toucher derrière, ayant attention de plus d'exiger que le devant s'élève beaucoup plus haut qu'à courbette ; dès qu'il a acquis de la sensibilité à la gaule et qu'il y obéit du devant et du derrière, sans se traverser, il faut le faire monter, et lui faire répéter les mêmes choses; quand il les exécute comme on le désire, alors pour lui apprendre à détacher la ruade dans l'instant où il aura le devant en l'air, on touchera sur la croupe, et à mesure qu'il fera des progrès en s'élevant plus haut, on diminuera insensiblement l'effet des gaules, jusqu'à ce qu'on arrive à pouvoir le faire sauter en marquant tous les temps; je m'explique: chaque fois que le derrière retombe à terre, on doit croiser avec la gaule, en frappant sur la croupe un ou deux coups, et pour faire élever le devant, après l'avoir déterminé d'abord par quelques coups de gaule sur le poitrail, chaque fois qu'il retombera à terre, on élèvera la gaule et on prendra le temps qu'il s'élance pour la laisser retomber, comme si on vouloit toucher sur ses jambes : ce mouvement inspire au cheval une crainte qui l'excite à élever le devant, pour que ses jambes ne soient point rencontrées par la gaule, qui alors passe entre elles et la terre. Si cette aide est employée devant et derrière à propos, on parviendra bientôt à régler les sauts du cheval, de manière que le devant s'élève le premier, que le derrière s'élève ensuite et détache la ruade, lorsque tout le corps de l'animal se trouve comme sus-

pendu et de niveau ; qu'ensuite le devant retombe, que le derrière suive, et qu'aussitôt
l'opération recommence : il est bon d'observer
qu'on ne doit d'abord exiger qu'un saut, et le
flatter quand il a obéi, ensuite deux, puis trois,
et enfin autant que ses facultés peuvent lui
permettre.

Lorsqu'on aura réglé les sauts d'un cheval
dans les piliers, on pourra se dispenser de faire
toucher sur la croupe par la personne qui est
à pied, et afin qu'il réponde du derrière, il
faudra que le cavalier croise sa gaule, comme
il a été dit dans la première partie : lorsque le
cheval y répondra sans faire de difficulté, le
cavalier quittera sa gaule et se servira du poinçon, en l'appuyant sur la croupe chaque fois
qu'elle retombe à terre ; si le poinçon ne faisoit pas son effet, pour habituer le cheval à y
répondre, un homme à pied l'aideroit de la
gaule et diminueroit par degrés ce secours,
jusqu'à ce qu'il devienne inutile.

Des Sauteurs en liberté.

Pour dresser les sauteurs en liberté, on les
mettra dans les piliers, et lorsqu'ils y sauteront
régulièrement, on les en sortira pour les mener
au pas le long du mur : d'abord on leur ap-

prendra à lever la courbette, ainsi qu'il a été dit, en exigeant qu'ils la lèvent plus haut et en se portant en avant : on saisira, pour croiser derrière, l'instant où le devant est élevé, et pour le reste on fera usage, par gradation, des moyens indiqués pour les sauteurs dans les piliers, joignant à cela de les faire sauter alternativement aux deux mains, et observant ce qu'on a vu dans la première partie à l'article des sauteurs en liberté : il est bon aussi qu'ils sachent manier ; ainsi on doit les dresser aux différens airs, afin qu'ils puissent faire leurs reprises.

Moyens de mettre un Cheval sur les hanches.

On doit être sans doute très-étonné qu'après avoir avancé et établi l'indispensable nécessité qu'il y a de mettre un cheval en état de tirer le plus grand párti de son équilibre, je me sois contenté de dire seulement qu'il falloit le mettre droit : ce n'est pas cependant que j'ignore que pour cela il ne soit tout aussi nécessaire de le mettre sur les hanches ; mais comme on ne peut l'asseoir que préalablement on ne l'ait mis droit, et qu'on ne peut remplir cet objet sans l'obéissance parfaite qu'il doit avoir aux

aides , il étoit indispensable , avant d'indiquer
ce qu'il falloit faire pour le mettre sur les
hanches , d'entrer dans le détail des opérations
. et des moyens par lesquels on l'amène à ce
point de perfection.

Ces moyens étant connus , avant d'indiquer
ceux qu'on doit employer pour *asseoir* ou
mettre un cheval sur ses hanches , il est bon
de dire ce qu'on entend par un cheval *assis et
sur les hanches.*

En général , un cheval est sur les hanches ,
lorsque , par une action souple et flexible , elles
se sont portées en avant et sous lui. Là , soutenant le poids du corps , elles allègent le devant , et servent de ressort et de point d'appui
à tous ses mouvemens. Il est aisé de sentir qu'un
cheval ne peut soutenir la continuité de cette
action que proportionnément à la force, au liant
de cette partie , et au jeu qu'il a dans les jarrets
et dans les reins : c'est d'après ces facultés
connues qu'il faut se diriger , lorsqu'on entre-
prend de mettre un cheval sur ses hanches.

Il n'est que trop ordinaire de se persuader
qu'un cheval tenu et renfermé avec force dans
la main et dans les jambes est en équilibre sur
les hanches ; cependant si on observe attenti-
vement ce qui résulte de cette façon de le ras-

sembler, on sera bientôt dissuadé. Qu'arrivet-il en effet ? Le cheval, pour se délivrer des jambes qui chassent l'arrière-main, et de la main qui retient le devant, cède pour quelques instans à leur impression, en pliant les jarrets et les hanches, sans pour cela porter les extrémités postérieures sous lui : cette situation, qui fait paroître le devant plus haut, peut à la vérité faire illusion ; mais ce qui prouve que le cheval n'est que dans un équilibre apparent qu'il doit uniquement à l'appui qu'il prend sur la main, c'est qu'aussitôt qu'on lui rend la bride, la contrainte douloureuse qu'il vient de ressentir sur les jarrets l'excite à rejeter le poids de son corps en avant et à le remettre sur les épaules : on est donc réduit à récidiver l'opération à chaque instant, opération qui devient pénible et dangereuse pour l'animal, et qui fait qu'on estropie tant de chevaux, sans parvenir à les asseoir : pour éviter de pareils inconvéniens, suivons donc une autre route.

Il est démontré que l'action seule de la main, proportionnée à la sensibilité de la bouche du cheval, peut le forcer à s'arrêter, comme celle des jambes peut seule le déterminer à porter les hanches en avant : c'est par conséquent de l'effet combiné et réciproque des aides que doit résulter, ainsi qu'il a déjà été dit, le parfait équilibre. On voit par-là qu'avant de chercher à asseoir le cheval, il est indispensable de lui donner la connoissance de ces aides; pour rendre leur effet plus puissant, on fait en sorte d'augmenter la sensibilité, soit de la bouche, soit des parties qui répondent aux autres aides, en le travaillant d'abord au plus petit train, et le conduisant progressivement jusqu'au plus grand trot qu'il puisse soutenir, sans peser à la main, ni se mettre sur les épaules; ensuite on le ralentit de même insensiblement jusqu'à ce qu'il soit au plus petit trot : pendant ce temps on forme de fréquens demi-arrêts; on rend souvent la main ; la jambe de dedans chasse sans interruption les hanches én avant, et l'on modifie son action, ainsi que celle de la main, en proportion l'une de l'autre, et des progrès et des facultés du cheval : à mesure qu'on sent le devant s'alléger, et les hanches s'en rapprocher et couler plus facilement sous lui, on lui donne plus de liberté de la main, et on l'augmente jusqu'au point de lui rendre toute la bride ; mais pour peu qu'il cherche alors à se remettre sur les épaules, à baisser la tête ou à suivre le mors, il faut avoir recours au bridon, pour le contenir dans la situation où il se trouvoit avant qu'on lui rendît la main : lorsqu'au contraire , loin de s'abandonner ou de se précipiter en avant, il se soutient , il faut toujours, sans le tenir , mais en le contenant par une tension moelleuse de la bride , augmenter son action , soit par des appels de la langue , soit par de petits coups de gaule sur la croupe , soit enfin par un plus grand effet de la jambe. C'est ainsi que par l'accord mutuel des aides , et par l'usage bien entendu de tous ces moyens, on parvient à rapprocher les deux bouts , de manière que la partie du devant rejetant presque tout son poids sur celle de derrière , trouve , par le point d'appui qu'elle y prend , plus d'aisance , d'adresse , d'agilité et d'élévation , tandis que les extrémités postérieures , en se portant sous le cheval , acquièrent l'élasticité dont elles ont besoin pour rechasser en avant tout le poids qu'elles viennent de recevoir , et préparent ainsi l'emploi le plus facile et le plus utile de ses forces réunies.

Quoique les chevaux ne soient pas tous susceptibles d'un pareil aplomb, on peut cependant les faire approcher de ce point, proportionnément à leurs qualités, si , en employant les moyens qui viennent d'être exposés , on saisit à propos et sans les prévenir les instans où l'on peut exiger davantage. J'avoue que cette précision est d'une extrême difficulté, et que l'homme de cheval consommé a besoin de la plus grande pratique pour exécuter ce que je propose : faut-il s'étonner après cela de voir si peu de chevaux dans un parfait équilibre ? Il est parfait, lorsque, dans tous les airs et à tous les trains, le cheval renfermé moelleusement dans les jambes et dans la main, les rênes étant pour ainsi dire flottantes, loin de chercher à s'appuyer ou à s'en aller, quoiqu'on lui rende la main, s'élève au contraire, soutient sa tête, se grandit, se pare, et, sans rien diminuer de la vivacité de ses mouvemens, semble se plaire à augmenter son action.

CHAPITRE V.

Moyens de dresser les Chevaux qui manquent de qualités, ou qui ont des défauts.

Tous les moyens que j'ai exposés jusqu'à présent, n'étant suffisans que pour dresser les chevaux qui ont toutes les qualités qu'on peut leur désirer, le plan que je me suis proposé ne seroit pas rempli, si je n'indiquois ceux qu'on doit joindre à la pratique des premiers, lorsque l'on rencontre des chevaux qui, bien loin d'être doués de ces qualités, ont au contraire des vices ou des défauts essentiels; d'autant plus qu'il est très-rare d'en voir qui en soient totalement exempts.

Quoiqu'en général tous les vices, hors ceux acquis, dépendent absolument du physique de l'animal, je ne puis m'empêcher, pour rendre plus palpable ce que j'ai à dire sur cet article, d'en faire une division. Je les envisagerai donc sous deux points de vue, ou comme tenant au caractère, ou comme tenant à la conformation. Si le défaut réside dans le caractère, le cheval se révolte volontairement; s'il vient de la conformation, le cheval ne se porte à la désobéissance que parce qu'il n'a pas les facultés nécessaires pour exécuter ce qu'on veut en exiger. Dans le premier cas, c'est la volonté qui manque; dans le second, c'est le pouvoir. D'après cette observation, lorsqu'on veut corriger un défaut, on doit sentir combien il importe de s'assurer de son origine, afin que le remède soit appliqué avec connoissance de cause et qu'il puisse opérer; sans quoi il ne fait souvent qu'aigrir le mal. Je sais qu'il est des défauts qu'on ne sauroit guérir totalement ; mais alors il faut s'attacher à en empêcher les progrès, et à les diminuer, s'il est possible. Voyons maintenant les moyens qu'on doit mettre en usage pour y parvenir.

Du manque de forces.

Le manque de forces n'est point un vice de caractère ; il tient directement à la conformation de l'animal : ainsi le cheval qui n'a point de forces, et qui par cette raison refuseroit d'obéir, bien loin d'être corrigé pour cette désobéissance, doit être traité au contraire avec beaucoup de douceur et les plus grands ménagemens ; car si on veut le forcer à obéir, comme il n'en a pas les facultés, non seulement on ne parviendra pas à remplir son objet, mais même on risquera de le faire défendre, ce qui ne peut se faire sans attaquer et prendre sur quelques-unes de ses parties ; ainsi je crois qu'en conséquence il faut attendre du temps et de l'exercice ce que la nature lui a refusé, c'est-à-dire qu'il se développe et se fortifie : la leçon du trot peut y contribuer beaucoup, en le mettant en équilibre, et remplaçant ainsi, en quelque sorte, la force qui lui manque, par l'aisance et la liberté : on doit exercer ces chevaux peu et souvent, et sur-tout faire des reprises très-courtes ; on se conformera pour tout le reste à ce qui a été dit au commencement de cette partie et à ce qui va suivre.

De la bouche dure, causée par le manque de forces.

Il est aisé de concevoir qu'un cheval qui manque de forces conserve difficilement son équilibre, et que, pour y suppléer, il cherche un point d'appui sur la main ; par cet appui, qui augmente avec le temps, il s'échauffe et s'engourdit les barres, de manière qu'il n'a presque plus de sensibilité dans cette partie : pour corriger ce défaut, il faut lui procurer tout l'appui sur les hanches dont il est susceptible ; et pour cela, le monter et le trotter long-temps en bridon à l'angloise, scier toutes les fois qu'il cherche à s'appuyer ou à s'en aller, et le tenir très-peu, afin de l'obliger et l'accoutumer à se soutenir de lui-même sans le secours de la main : on a vu dans la première partie qu'on ne pouvoit y réussir sans y joindre le secours des jambes.

Des Chevaux qui portent la tête basse ou qui s'encapuchonnent.

On doit mettre en usage les mêmes moyens pour les chevaux qui tiennent la tête basse ou qui s'encapuchonnent ; mais comme ces défauts ne proviennent pas toujours du manque de forces, et sont souvent causés par la mauvaise structure de l'encolure ou de la tête, il faut àlors joindre à ce que nous venons de dire de tenir les mains plus en avant et plus hautes, afin que, quand le cheval veut baisser la tête, on se trouve à portée de l'en empêcher et de la lui relever ; l'attention qu'on aura à le faire chaque fois qu'il en donnera occasion pourra diminuer à la longue les mauvais effets de ces défauts de conformation, et lui donner l'habitude de soutenir sa tête, sans être secouru de l'appui de la main.

Des Chevaux maladroits.

Ainsi que la foiblesse, la roideur peut rendre un cheval maladroit : pour corriger ou diminuer au moins ce défaut, il faut beaucoup travailler le cheval sur les cercles, le porter alternativement et souvent à droite et à gauche, et observer de ne faire les reprises qu'en conséquence de ce qu'il peut fournir.

Des Chevaux qui sont foibles des hanches ou des jarrets.

La foiblesse des hanches ou des jarrets provient d'un vice de conformation , et mérite aussi de grands ménagemens : lorsqu'on rencontre des chevaux de cette espèce , on doit bien se donner de garde , dans les commencemens , de chercher à les assujettir ; en le faisant , on forceroit bientôt ces parties , qui leur sont trop essentielles pour ne pas chercher tous les moyens possibles d'éviter cet inconvénient : pour cela , je crois qu'il est nécessaire de les trotter beaucoup , sans les tenir , et en les exerçant fort peu sur les cercles , parce que tout ce qui les contraint ne peut qu'augmenter beaucoup la douleur qu'ils ressentent déjà naturellement : on peut cependant les exercer modérément sur de grands cercles , qu'on diminuera peu-à-peu ; mais dès qu'on s'apercevra que ce travail leur coûte trop , on doit les mener par le large : ce n'est qu'après beaucoup de temps , et lorsqu'on sera parvenu à les mettre droits , qu'on peut les travailler de suite sur les cercles , afin de les rendre plus sensibles à l'effet des rènes et des jambes. On doit sentir les conséquences qui résulteroient de la moindre secousse des unes ou des autres : ce mouvement brusque , en surprenant le cheval , produiroit une sensation douloureuse sur les barres , feroit porter subitement tout le poids du corps du cheval sur les hanches , qui , n'ayant pas la force nécessaire pour le supporter , seroient bientôt ruinées.

Des Chevaux qui ont les jarrets douloureux.

On ne voit que trop de chevaux dont on a perdu ainsi les hanches et les jarrets , et qui ne sont devenus incapables de servir que par la faute des personnes qui les ont exercés. Ces parties peuvent aussi souffrir naturellement : dans l'un et l'autre cas , on doit prendre les mêmes précautions ; mais comme il arrive assez communément qu'un cheval qui a ce défaut porte ses hanches de côté et d'autre , pour chercher une position qui lui évite le mal qu'il ressent , il faut de plus joindre à ces moyens ce que j'ai dit , lorsque j'ai parlé du cheval qui se traverse.

Des défauts de l'avant-main.

La partie de l'avant-main n'est pas plus exempte de défauts que celle de l'arrière-main , les essentiels sont ceux de la bouche : il en est quatre principaux qui se subdivisent en une infinité de nuances ; mais dont toutes participent de l'un d'eux , et exigent par conséquent de la prudence du cavalier les mêmes remèdes employés à divers degrés : comme ces vices paroissent même dériver de qualités communes , savoir : la bouche égarée et la bouche trop sensible , d'un sentiment trop vif dans les barres ; et la bouche pesante , ainsi que la bouche dure , d'une espèce d'engourdissement naturel ou acquis dans cette partie , on va tâcher d'assigner avec précision quelle est cette différence.

J'entends par bouche égarée celle que la seule impression du mors affecte tellement , que la main la plus fine , la plus douce et la plus assurée ne peut calmer l'inquiétude du cheval , qui , pour se délivrer , agite sa tête continuellement et en tous sens.

Par la bouche trop sensible , je conçois celle qui supporte sans impatience le poids du mors , mais qui ne peut souffrir la moindre action de la main ; elle est l'opposé de la bouche dure qui n'y obéit point assez promptement ; on peut de même dire que la bouche pesante est en opposition avec la bouche égarée , puisqu'elle a besoin d'être continuellement recherchée pour l'empêcher de prendre et de fixer son point d'appui sur la main.

On en doit donc conclure qu'on s'est très-improprement servi de ce terme d'appui dans quelques livres de cavalerie, où l'on avance que la bonne bouche doit en prendre sur le mors, et qu'elle l'y trouve lorsque le cavalier a la main ferme : ces deux termes d'appui et de main ferme offrent dans leur acception absolue des idées qui induiroient en erreur l'écolier qui les entendroit dans toute leur rigueur, l'appui étant proprement le soutien réel et solide qu'un corps trouve dans la résistance d'un autre, et la main ferme présentant l'image et l'action d'un homme qui contient son cheval et s'oppose à tous les mouvemens que lui fait faire la douleur dont le mors affecte les barres : il semble au contraire que la bonne bouche devant être exempte de tous ces défauts n'a besoin que d'une main assurée, c'est-à-dire de celle qui sans nul effort, mais par la tension moelleuse des rênes, a le sentiment et la preuve que le mors fixé continuellement sur les barres est prêt à leur communiquer la plus légère action par laquelle on voudroit augmenter son effet. Peut-être rendroit-on plus sensible et plus instructive la

manière d'expliquer l'effet du mors sur la bouche, en disant que par le seul et inévitable sup-
port qu'il doit trouver sur les barres, il y produit, quand il est bien ordonné et que son
action est proportionnée à leur sensibilité, un
agacement suffisant pour avertir continuellement le cheval de ne point s'appesantir, as-
sure la légèreté de sa tête et communique à
toutes les autres parties une aisance et un
équilibre qui le rendent susceptible de la plus
prompte et de la plus entière obéissance aux
aides. Un des grands points de l'art est donc
de procurer, autant qu'il est possible, aux
chevaux les qualités qui constituent la bonne
bouche : entrons dans le détail des moyens qui
peuvent y conduire.

De la bouche égarée.

Si la seule impression du mors, comme on
vient de le dire, produit une sensibilité extrême sur la bouche égarée, il est naturel
d'en conclure que toutes les fois qu'on fera
agir l'embouchure, elle excitera dans cette
partie une impression bien plus vive, qui
portera presque toujours le cheval à un mouvement d'impatience : cette impatience se ma-
nifeste par des mouvemens plus actifs qui pré-

cipitent sa marche ; son action redoublant, on est aussi obligé, pour le retenir, d'augmenter l'effet du mors et par conséquent sa douleur ; pour l'éviter, il cherche à se soustraire à cette sujétion, soit en prenant le mors aux dents, c'est-à-dire qu'il saisit, lorsqu'il le peut, la branche du mors avec les dents, de façon qu'il empêche l'action du mors sur les barres, soit en portant le nez au vent, soit enfin en baissant la tête, de manière que les branches du mors portant alors ou contre l'encolure, ou contre le poitrail, empêchent par cette situation l'effet du mors sur les barres. Pour corriger ce défaut, il faut d'abord l'accoutumer à souffrir l'embouchure, et pour y parvenir, on doit lui en mettre une avec le grand bridon, ne faisant cependant encore usage pendant long-temps que de celui-ci ; quoique l'embouchure n'agisse pas encore, l'impression légère qu'elle fait alors sur les barres par son propre poids accoutumera insensiblement le cheval à en supporter l'action : ce progrès est dépendant du naturel des chevaux, et du plus ou du moins de qualités qu'ils se trouvent avoir ; on doit diriger les moyens en conséquence, et étudier et saisir les occasions où ils paroissent avoir le plus de confiance aux aides ; en entremêlant l'effet du mors à celui du bridon, on arrivera peu-à-peu à faire usage de la bride seule, si l'on joint à cette pratique une grande finesse dans les aides.

De la Bouche trop sensible.

Les bouches trop sensibles provenant des mêmes causes modifiées, on doit se servir des mêmes moyens, en les mitigeant en conséquence.

Des Bouches fausses.

Les bouches fausses ont aussi pour principe le trop de sensibilité des barres, mais avec cette différence que le cheval cherche à se soustraire à l'action du mors, en portant de côté et d'autre la partie inférieure de la mâchoire ; par ce moyen il évite une partie de l'effet de l'embouchure, puisqu'alors il n'y a qu'un des canons du mors qui porte, encore ne porte-t-il que sur le côté extérieur de la barre ; tandis que l'autre canon ne fait que très-peu ou point du tout d'effet : c'est ce qu'on appelle faire le ciseau : ce défaut n'a pas des suites aussi dangereuses que les précédens ; mais il est très-incommode, et d'autant plus désagréable que, tant qu'il existe, on ne peut se flatter de parvenir à mettre le cheval à un certain point de perfection : pour y remédier, on doit lui mettre une bride de bonne heure, et n'en faire usage qu'après l'avoir beaucoup travaillé en bridon sur les cercles aux deux mains, afin de lui ôter le trop de sensibilité des barres, lui donner plus de confiance à l'embouchure, et par-là le préparer à se laisser plus facilement porter le bas de la tête du côté où on le tourne, et à céder à l'impression de la rène de dedans, lorsqu'on veut lui placer le bout du nez.

Des Bouches fortes.

Le défaut de la dureté de la bouche n'est pas moins difficile à vaincre et peut provenir de différentes causes : 1°. de la rondeur des barres ; 2°. de l'épaisseur des lèvres ; 3°. de la grosseur de la langue qui, en couvrant les barres, empêche l'action du mors sur elles et diminue son effet ; 4°. de la foiblesse des jarrets, des hanches, du manque de nerf et de la pétulance des chevaux ; 5°. enfin de la maladresse de ceux qui les ont montés, qui, à force de s'attacher à la main, ou de donner des saccades, leur ont rompu les barres et éteint le sentiment de cette partie : toutes ces choses les excitent à tirer, ou à s'appuyer sur la main, soit pour trouver en elle un point d'appui, soit pour éviter la sujétion ; ainsi dans tous ces cas il est très-à-propos de les préparer à l'usage de la bride par celui des bridons, observant de ne les jamais trop tenir, mais les arrêter par des demi-arrêts moelleux et répétés, afin d'éviter de leur donner la moindre occasion de prendre de l'appui à la main, ce qui ne feroit qu'accroître le vice : on doit aussi se ressouvenir que le moyen le plus sûr, pour remédier à tous ces défauts, est de procurer aux chevaux tout l'équilibre dont ils sont susceptibles ; car plus ils sont droits et ont les hanches sous eux, plus leur devant sera léger, ce qui contribuera beaucoup à la finesse et à la légèreté de la bouche.

Des Chevaux qui ont une barre plus dure que l'autre.

Il est assez ordinaire de monter des chevaux qui ont une barre fort dure et l'autre assez sensible : afin de procurer de la sensibilité à la première, il faudra les travailler beaucoup en cercles, en les tournant de ce côté, parce qu'alors on a des occasions fréquentes de faire agir la partie de l'embouchure qui porte sur la barre insensible, et par la répétition de son action sur cette barre, elle la rafraîchit et réveille peu-à-peu le sentiment qui en avoit été éteint.

Des Bouches pesantes par la conformation vicieuse de l'encolure.

On rencontre aussi des chevaux dont le fond de la bouche, quoique bon, ne laisse pas pour cela d'être trop ferme et même quelquefois dur : cela provient, ou de ce qu'ils ont la tête trop grosse, ce qui la leur rend pesante, les os de la mâchoire inférieure trop gros ou trop serrés, ce qui les empêche de la placer et occasionne de la roideur à la jonction de l'encolure avec la tête. Si ces défauts provenant de la conformation ne peuvent totalement se détruire, l'art parvient au moins quelquefois à les diminuer. On y pourra réussir dans les circonstances dont il s'agit, plus ou moins, et selon les facultés du cheval, en lui donnant, par un long usage des bridons, l'habitude de tenir la tête haute, habitude qu'il contractera peu-à-peu, si on a le soin d'observer de ne pas le tenir de suite, et de saisir toutes les occasions où il veut baisser la tête pour la lui relever, soit en sciant des bridons, ou en lui donnant de petites saccades ; si cela ne suffisoit pas, on doit, sur-tout pour réveiller la sensi-

bilité des barres, former souvent des demi-
arrêts.

Des Bouches dures par défaut de confor-
mation de l'encolure.

Il est aussi des chevaux qui peuvent avoir de
la dureté dans la bouche par d'autres défauts
de conformation, comme ceux qui ont l'encolure fausse, c'est-à-dire que, depuis la ganache
jusqu'au poitrail, la partie inférieure de l'encolure, au lieu d'être en talus, tombe presque
d'aplomb, et que, dans la partie supérieure
auprès du garrot, il se trouve un enfoncement
qu'on appelle *coup-de-hache*, et qui semble
séparer l'encolure du garrot : les chevaux qui
l'ont ainsi construite ont ordinairement beaucoup de peine à placer leur tête perpendiculairement et sont sujets pour cette raison à
avoir la bouche dure, ainsi que ceux qui ont
l'encolure renversée comme celle des cerfs,
sur-tout quand ils joignent à ces défauts ceux
d'avoir les os de la ganache trop gros, trop
charnus ou trop serrés : comme ils ne peuvent
loger cette partie dans le canal, ils sont obligés
de porter le nez au vent; et si on vouloit les
forcer à tenir la tête d'aplomb, en les ren-
fermant dans la main, on les gêneroit de ma-

nière à leur ôter la respiration : cette contrainte les obligeroit alors à tirer sur la main ; et si par-là ils ne se délivroient pas de la sujétion où on les met, ils prendroient peut-être assez d'humeur pour se défendre. Pour éviter que toutes ces espèces de chevaux ne se fassent une habitude d'un appui trop fort sur la main, on doit les travailler long-temps en bridon à l'angloise, leur donner beaucoup de liberté, et n'avoir d'autre objet alors que d'augmenter la sensibilité des barres : quand une fois on y sera parvenu, il faudra faire en sorte d'attirer insensiblement le bout du nez en bas par l'accord des mains et des jambes, sans s'embarrasser d'abord que la tête baisse trop, et soit ou ne soit pas d'aplomb ; car quand on aura gagné une fois sur lui de baisser le nez, en le contenant dans cette situation par un appui moelleux de la bride, et en même temps faisant agir le bridon pour lui relever la tête, on pourra, avec le temps, lui former l'habitude de la tenir le plus près de la ligne d'aplomb que le permettra sa conformation vicieuse.

Des différens inconvéniens que tous ces défauts peuvent entraîner.

Des défauts qu'on vient de voir il en résulte

encore d'autres inconvéniens, qui se multiplient selon qu'il s'en trouve plus ou moins de réunis, sur-tout lorsqu'ils se rencontrent avec la pétulance, l'impatience, l'ardeur, la colère, etc. ; parce qu'alors le cheval ne peut souffrir aucune espèce de sujétion, et que les moyens pour l'y amener demandent un temps et une pratique infinie : on est donc forcé de lui laisser contracter de mauvaises habitudes, pour ne s'occuper pour le moment que du défaut le plus essentiel ; car ne pouvant parer à tous à-la-fois, il faut les corriger par ordre et selon le degré d'influence qu'ils peuvent avoir sur les progrès du cheval.

Des Chevaux qui battent à la main.

Du nombre de ces inconvéniens est celui de battre à la main, c'est-à-dire que le cheval porte sa tête de bas en haut par un mouvement brusque et alternatif, et plus ou moins fréquent, sans que l'action du mors puisse la lui contenir dans un point fixe. Ce défaut n'est quelquefois qu'incommode, comme, par exemple, lorsque le cheval ne fait que bégayer, c'est-à-dire qu'il secoue sa tête par intervalles et lorsqu'on forme des demi-arrêts, comme s'il cherchoit à se délivrer de la sujétion de l'embouchure ; mais lorsqu'il passe ce degré, il peut se convertir en vice et devenir très-dangereux : c'est pourquoi on doit faire tous ses efforts pour l'en corriger, en observant d'abord si c'est la trop grande sensibilité des barres qui produit ce battement de tête continuel : pour lors, en se servant d'une embouchure très-douce avec des branches longues, en le tenant très-peu lorsqu'on y est obligé, en ne le faisant que par une tension moelleuse des rènes ; joignant à cette action l'effet proportionné et suivi de la jambe, on parviendra sûrement avec le temps à remplir cet objet, parce qu'il ne s'agit que d'accoutumer la partie où porte le mors à en supporter d'abord le seul poids, et ensuite l'action ; mais il est plus difficile d'en venir à bout lorsque la cause existe, soit dans la construction des jarrets, des hanches, ou dans le manque de force : cependant, malgré tout cela, on peut réussir quelquefois, si l'on joint à beaucoup de patience la méthode qui va être prescrite.

Il faut dans les commencemens le travailler en bridon et lui mettre une martingale à l'angloise que l'on tiendra assez courte pour lui assujettir la tête à une certaine hauteur : on doit aussi tenir les bridons assez courts, pour être

en état de l'empêcher de baisser la tête, et cependant assez moelleux pour qu'ils ne le contraignent pas trop; on aura aussi le soin de
marquer fréquemment des demi-arrêts, sans
que l'effet de la jambe cesse, afin de l'asseoir
imperceptiblement et le préparer à souffrir l'action de labride, dont on ne fera usage que
lorsqu'on le sentira obéissant aux aides : lorsqu'il sera arrivé à ce point, il faudra, en se
servant de la bride,lui donner le plus de liberté qu'il sera possible; mais comme par-là il
semble qu'on lui laisse plus d'aisance pour battre
à la main, afin de lui ôter une partie de cette
facilité, on doit en même temps chasser continuellement les hanches, pour que la sensation
que la jambe fera sur lui, en le portant en
avant, fasse une espèce de diversion qui puisse
le distraire de l'impression que l'effet du mors
doit produire lorsqu'on reprend la bride; à mesure que ses hanches se mettront sous lui et
qu'il sera plus en équilibre, on cherchera, en
tenant pendant quelques instans la main moelleuse et assurée, à lui fixer la tête; ensuite on
lui rendra la main; et comme il pourroit profiter dans ce moment de la liberté qu'on lui
laisse pour battre à la main, on fera usage du
bridon pendant ce temps, en baissant et tirant.

la main à soi pour lui contenir la tête ; après quoi on reprendra la bride en quittant le bridon : et dans le cours des reprises on doit répéter, autant qu'il est possible, l'action de l'une et de l'autre, qui doivent alternativement se prêter un secours mutuel. Si l'on arrive au point de l'empêcher de battre à la main, lorsqu'il est contenu dans la main et dans les jambes, il faudra faire en sorte qu'il n'y batte pas non plus, lorsqu'on ne le tient pas : pour cela, on lui rendra la main de la bride, en le contenant avec le bridon, comme il vient d'être dit, et peu-à-peu on diminuera son effet, jusqu'à ce qu'il n'en fasse plus du tout, tenant cependant toujours la bride et le bridon, de manière qu'on soit en état d'empêcher qu'il ne donne des coups de tête, s'il lui en prenoit envie ; enfin lorsqu'il ne battra plus à la main dans les deux cas que je viens d'exposer, après l'avoir confirmé dans cette habitude, on alongera peu-à-peu la martingale pour lui donner plus de liberté, et parvenir insensiblement à pouvoir l'ôter, sans pour cela qu'il batte à la main. Comme il est des chevaux qui ne se corrigent jamais entièrement de ce défaut, il faut leur laisser toujours la martingale, et avoir attention de la tenir assez longue, pour qu'ils puissent agir avec facilité : si on la tenoit trop courte, elle pourroit les exciter à se défendre, et même les faire renverser par l'impression douloureuse qu'elle causeroit aux jarrets ; il faut aussi, pour qu'elle remplisse son objet, qu'elle ne soit pas trop longue.

Des Chevaux qui sont trop sensibles.

La trop grande sensibilité des chevaux est non seulement incommode, mais aussi quelquefois dangereuse ; tous les objets qui les touchent font à-peu-près sur eux le même effet que le tact peut faire sur un homme chatouilleux, ce qui leur cause, lorsqu'on leur approche les jambes avec un peu de force, ou qu'on fait des mouvemens un peu vifs des mains, une surprise qui les fait précipiter. Si ces mouvemens sont suivis et répétés, on leur fait perdre bientôt la tête, et le sentiment de la bouche étant étouffé par la crainte, ils tirent sur la main et cherchent à s'en aller, pour se dérober à l'objet qui leur inspire cette frayeur : on doit sentir de quelle conséquence il est sur de pareils chevaux de se laisser porter, de n'avoir aucune espèce de roideur, et de ne faire agir les mains et les jambes qu'avec cette finesse, ce liant et cette suite, sans lesquels on ne sauroit parvenir à leur inspirer la confiance qu'ils doivent avoir aux aides; pour l'augmenter encore cette confiance, on doit dans le cours des reprises les flatter, les apaiser de la voix, les caresser souvent, les tenir très-peu, chercher pour ainsi dire à les engourdir, et à diminuer, autant qu'il est possible, l'effet des mains et des jambes, en leur faisant connoître le motif de leurs mouvemens, afin de leur donner l'habitude d'en supporter le tact et leur ôter toute crainte.

Des Chevaux qui ont de l'ardeur.

Il est deux espèces de chevaux d'ardeur : les uns peuvent en avoir par la seule fougue de la jeunesse, les autres par leur pétulance naturelle; enfin il en est qui n'en ont que par la douleur qu'ils ressentent aux jarrets : dans le premier cas, il y a lieu d'espérer qu'on ne sera pas long-temps à les en corriger, parce qu'à mesure qu'ils prennent de l'âge cette vivacité s'amortit; dans le second et dans le troisième cas, il est plus difficile d'y remédier, attendu qu'il faut en quelque façon réformer la nature, et qu'à mesure qu'on y travaille, les chevaux vieillissent et s'usent : dans l'une et l'autre circonstance, après leur avoir donné la connois-

sance des aides, comme le bruit qu'ils enten-
dent et que les objets qu'ils voient aller et venir
les excitent ou à sauter, ou à courir, il faudra
les mener à la promenade avec des chevaux
sages, premièrement au pas, secondement au
trot et ensuite au galop, ayant attention de les
faire aller d'abord les premiers ; après quoi
on les mettra en rang avec les autres, afin de
leur faire exécuter les mêmes choses : en suivant cette gradation, par succession de temps
on les fera rester derrière avec quelques-uns
des plus sages, tandis que les autres poursui-
vront leur chemin ; et, à mesure qu'ils se cal-
meront, on diminuera le nombre de ceux
qu'on laisse avec eux, jusqu'à ce qu'on soit
parvenu à les pouvoir tenir tout seuls derrière,
sans qu'ils montrent de l'impatience et qu'ils
cherchent à rejoindre les autres.

On peut aussi se servir avec fruit de la méthode de les envoyer à la promenade en main,
sans être montés, et de les mener ainsi aux
divers bruits qui les animent le plus, afin que
par l'habitude de les entendre ils s'y accoutument ; s'ils poussoient l'impatience trop loin,
celui qui les y conduit se serviroit de la longe
de main avec laquelle il les tient, pour leur en
donner des saccades proportionnées au besoin :

on doit cependant, autant qu'on peut, les supprimer pour les chevaux qui ont mal aux jarrets, avoir pour eux le plus grand ménage-
ment, et les exercer peu et souvent, ainsi
qu'il a été recommandé.

Des Chevaux qui ont de la peine à se plier.

Il est bien plus ordinaire de trouver de la
roideur dans les jeunes chevaux qui ont peu de
force, qu'il ne l'est d'en trouver dans ceux qui
sont réellement vigoureux : dans les uns et
dans les autres elle vient de ce qu'ils ne savent
pas encore diriger leurs forces, ce qui les empêche d'en faire un bon usage : il faut les
mettre à portée de tirer parti de celles qu'ils
ont, et de disposer librement de toutes leurs
facultés ; c'est pourquoi on doit d'abord chercher à les assouplir, en les trottant et les travaillant beaucoup sur les cercles ; la leçon des
cercles est d'une grande utilité dans ce cas ;
car, en communiquant aux chevaux la connoissance des aides, elle leur fait contracter en
même temps l'habitude de passer les jambes
avec adresse les unes sur les autres, et de poser
solidement les pieds sur le terrein. Les chevaux foibles, par cette méthode, acquerront
une aisance qui remplacera en quelque sorte

le nerf que la nature leur a refusé : comme il
y a des chevaux qui quelquefois ont plus de
peine à se plier à une main qu'à l'autre, il
faut les travailler davantage du côté où ils sont
le plus roides ; mais tout ceci doit être exécuté
avec beaucoup de douceur, de finesse, et proportionnément aux facultés des chevaux que
l'on travaille, sans quoi on court risque de les
ruiner, sans jamais parvenir à les assouplir, ni
à les rendre adroits. Les mêmes moyens pourront réussir pour les chevaux qui ont les
épaules embrouillées, ou un peu embarras-
sées ; pour ceux qui les ont entreprises à un
certain point, ce seroit se flatter en vain que
de l'espérer.

Des Chevaux qui se défendent, et des causes qui les y portent.

Il est à remarquer que tous les défauts dont
il a été parlé peuvent aisément se convertir en
vices, si, au lieu de mettre en usage le moyen
proposé et convenable pour corriger chacun
d'eux, on emploie au contraire celui qui ne
seroit propre que dans une autre circonstance.
L'expérience nous prouve tous les jours que la
plus grande partie des chevaux rétifs ne se défend que par cette raison : on en voit très-peu

13 *

qui tiennent ce vice de leur naissance ; et en général tous ceux qui sont dans ce cas l'ont acquis par la faute des personnes qui ont commencé à les vouloir dresser. Contribuer à diminuer ce mal qui n'est que trop commun, seroit rendre à l'art de la cavalerie le service le plus essentiel, et en même temps épargner aux chevaux une infinité de châtimens, qui servent plutôt à les rendre indociles qu'à les corriger de ce défaut.

On entend par le terme de défense toute espèce de refus du cheval à la volonté du cavalier, volonté qui lui est communiquée par les aides, et à l'impression desquelles il résiste.

Les chevaux se défendent de plusieurs manières : les uns refusent d'obéir à une seule rène, les autres aux deux ; celui-ci se révolte contre les jambes, celui-là contre une seule ; enfin il en est qui résistent et se révoltent contre toutes les aides en général ; et comme la désobéissance peut être plus ou moins forte, plus ou moins dangereuse, on doit observer toutes ces différences, si l'on veut ne pas travailler en vain et y apporter un remède efficace.

Des Chevaux peureux et ombrageux.

La peur dans les chevaux est une espèce de défense, puisque l'objet qui leur fait ombrage les porte à résister plus ou moins à l'effet des aides; mais cette peur a plusieurs nuances qu'on distingue par la dénomination de chevaux peureux, ombrageux et farouches : tous ces défauts tirent leur origine, ou de l'ignorance, ou de la vivacité, ou de la timidité, ou de la crainte, ou du vice de l'organe de la vue de l'animal.

Il est aisé de sentir qu'on ne peut parvenir à corriger ces défauts qu'en donnant aux chevaux l'obéissance aux aides et la connoissance des objets qui peuvent les effrayer. Les chevaux surpris par la figure de ces objets, par leur bruit, ou différens mouvemens, sont effrayés, de façon qu'on les voit alors se précipiter à droite, à gauche, en avant, ou reculer, selon qu'ils en sont affectés; il faut donc, pour leur en donner la connoissance, les leur faire apercevoir ou entendre d'une distance assez considérable, pour qu'ils n'en soient point trop surpris, les rassurer en les flattant de la main et de la voix; ensuite les faire avancer quelques pas vers l'objet, en approcher le plus près qu'il est possible, sans aller directement dessus, les caresser en continuant son chemin, revenir après quelque temps, et refaire les mêmes choses ; tourner autour de l'objet en diminuant les cercles, pour s'en approcher insensiblement, jusqu'à ce qu'ayant détruit toute la méfiance des chevaux on parvienne à les mener le nez dessus, sans qu'ils montrent aucune crainte.

Quant aux chevaux dont la peur a son principe dans l'organe de la vue, comme alors l'objet lui est représenté fort confus et beaucoup plus considérable qu'il ne l'est en effet, et que plus on les en approche et plus son volume augmente, on ne sauroit tout au plus que pallier le mal. Très-communément ces chevaux ne sont peureux que par intervalles, et cela n'arrive que dans le temps que leurs yeux se trouvent attaqués par une fluxion périodique, ce qui fait appeler ces chevaux lunatiques.

La peur n'est pas le seul motif qui porte les chevaux à la désobéissance ; il y en a de plus cinq causes principales : 1°. l'ignorance, ou, ce qui est la même chose, le défaut de connoissance des aides ; 2°. la conformation vicieuse ; 3°. la foiblesse ; 4°. le naturel craintif, capricieux, colère, méchant ; 5°. enfin, la maladresse ou l'ineptie de ceux qui les ont montés.

Par cette exposition on doit voir clairement que, pour les chevaux qui se trouvent dans le premier, le second et le troisième cas, il seroit déraisonnable de vouloir les forcer à obéir par le moyen des châtimens : on doit au contraire les traiter avec beaucoup de douceur, et tâcher de leur faire comprendre ce qu'on leur demande par le secours des aides, en se servant des opérations qui ont été indiquées, pour les y rendre sensibles.

Des Chevaux qui se défendent, en sautant à la même place.

Quant à celui dont la défense tire son origine d'un des autres motifs, si c'est la crainte, on doit employer la plus grande douceur pour lui inspirer la confiance, le caresser et le flatter de la main et de la voix, et user avec modération des aides et des moyens donnés pour les lui faire connoître : si c'est une des autres causes, il faut observer s'il est sujet à sauter en place, sans qu'on puisse le déterminer à se porter en avant, et alors on doit, avant de le faire monter, faire usage de la leçon de la longe ou des piliers, pour lui donner la connoissance de la chambrière, qui dans ce cas devient d'un très-grand secours : lorsqu'on y sera parvenu, avant de le faire monter, on le trottera assez de temps à la longe, pour que sa première gaîté puisse se passer : pendant cette reprise, on le préparera à se laisser porter en avant par quelques coups de chambrière sur la croupe, qui lui inspireront la crainte qu'il en doit avoir ; ensuite on le laissera souffler et on le fera monter : on observera, pour le déterminer en avant, ce qui a été dit au commencement de cette partie. Si cependant, au lieu d'obéir, il sautoit en place pendant que la personne qui est dessus fermeroit le gras des jambes et feroit usage de la gaule derrière la botte, celui qui tient la chambrière viendroit au secours en se portant derrière, tandis que celui qui tient la longe romproit ses sauts par des saccades proportionnées aux besoins. Si toutes ces actions sont exécutées à propos par des gens intelligens, il est impossible qu'elles n'aient point tout l'effet désiré. Dès le moment qu'il se sera porté en avant, il faudra l'apaiser, le caresser, et, après quelques tours, on l'arrêtera pour recommencer l'opération, dont la répétition lui fera perdre peu-

à-peu l'envie et l'habitude de sauter en place.
En suivant la même route, on arrivera insensiblement à le déterminer en avant par le seul
secours des jambes : c'est alors que, pour lui
en donner plus de connoissance , on peut
dans le cours des reprises faire quelquefois
pincer des deux, pour lui faire craindre le
châtiment des éperons ; mais avant de les en-
foncer dans le ventre, il faut que l'écolier appelle de la langue , et tienne sa gaule toute
prête pour en faire usage derrière la botte ,
en cas que le cheval voulût résister : celui qui
est à pied doit aussi avoir le soin de tenir
la chambrière toute prête derrière lui , et
s'en servir , s'il en est besoin. Il est bon
d'avertir qu'il faut user sobrement et avec précaution de ce moyen, car l'usage fréquent
qu'on en pourroit faire le rendroit inutile par
la suite, et peut-être nuisible.

Des Chevaux qui ruent en place.

Tout ce que je viens de dire doit aussi
servir pour les chevaux qui ruent en place ;
et celui qui les monte doit y joindre de plus
de porter et soutenir les mains en avant, afin
d'élever la tête et le devant, et contre-balancer
par-là l'action du derrière.

Des Chevaux qui se défendent en reculant.

Quant aux chevaux qui se défendent en reculant , on se servira des mêmes moyens que pour ceux qui se défendent en sautant en place , et on aura attention de leur rendre la main , et de ne point tirer sur la longe , ce qui les feroit reculer encore davantage.

Des Chevaux qui se défendent en faisant des pointes.

Pour les chevaux qui se défendent en faisant des pointes , et qui en même temps refusent d'aller en avant , il faudra commencer par les mettre dans les piliers et les faire donner dans les cordes , en se conformant à ce qui a été dit sur cet article ; lorsqu'ils y donneront , il faudra tâcher de leur faire lever le derrière , en les rendant sensibles à la gaule avec laquelle on touchera sur la croupe ; lorsqu'ils y répondront , toutes les fois qu'ils voudront élever le devant , on croisera derrière , et cette diversion pourra les distraire du défaut dont on veut les corriger : mais comme cela seul n'est pas suffisant , après chaque leçon des piliers , il faut les faire monter à la longe , et dès que celui qui la tiendra s'apercevra qu'ils veulent faire des pointes, il leur en donnera des saccades pour les empêcher de poursuivre la sottise ; s'il donnoit la saccade lorsqu'ils sont élevés, on pourroit les faire renverser : le cavalier doit par la même raison prendre garde de ne point s'attacher à la main, et afin de les porter en avant, il doit les chasser et même se servir de la gaule derrière la botte, et quelquefois sur la croupe, s'il en étoit besoin, tandis qu'on y joindra l'aide de la chambrière dont on doit les frapper lorsqu'ils retombent, pour leur faire connoître par cette correction qu'ils ont commis une faute.

Des Chevaux qui se défendent, par leur naturel vicieux.

Il est des chevaux qui à toutes ces défenses joignent ou du caprice, ou de l'humeur, ou de la colère, ou quelquefois tous les trois ensemble. Lorsque ces défauts s'augmentent à un certain point, il est assez commun de les voir se porter à des extrémités dangereuses. Tantôt après avoir long-temps sauté, ils s'appuient ou se couchent contre un mur, un arbre, etc. sans qu'on puisse les déterminer à s'en séparer : tantôt ils cherchent à mordre les jambes de celui qui est dessus, et souvent, après n'avoir pu le jeter par terre, on les voit tout d'un coup se coucher et se rouler. On doit pour cette espèce de chevaux faire usage des piliers, et les exercer à la longe sans les faire monter, afin qu'on puisse sans risque leur inspirer la crainte de la chambrière ; mais il faut d'abord n'en user qu'avec beaucoup de douceur, et les caresser dès qu'ils se portent à obéir. On ne les fera monter que lorsqu'on sera parvenu à les faire trotter en cercle, sans qu'ils marquent trop de répugnance à l'aide de la chambrière ; si alors dans le cours de la reprise ils cherchoient à mordre l'aide qui les chasse en avant, et que par le moyen du bridon séparé on ne pût les en empêcher, il faudroit que le cavalier se servît de sa gaule, en leur en donnant sur le nez du côté où ils le tournent pour mordre sa jambe ; en même temps on aura attention de faire agir la chambrière pour les porter en avant, et on leur donnera avec la longe quelques saccades pour les empêcher de tourner la tête : si cette correction ne suffisoit pas, il faudroit alors faire usage d'un caveçon à l'italienne qui, au moyen de deux rènes attachées aux sangles, et passant par deux anneaux attachés à la muserole, dont le cavalier tient les deux bouts, les empêche de tourner assez la tête de ce côté pour se saisir de ses jambes ; mais si voyant qu'ils ne peuvent venir à bout de leur dessein, l'humeur les gagne au point de vouloir se coucher par terre, on doit mettre en usage tous les moyens possibles de châtimens en se servant de la chambrière, de la gaule, des éperons et de la longe, et en même temps le cavalier observera de soutenir les mains hautes et en avant, afin d'empêcher le devant de s'abaisser. Ainsi qu'on les punit lorsqu'ils font mal, de même on doit les récompenser quand ils font bien ; c'est pourquoi dès qu'on s'apercevra qu'ils auront fait le moindre progrès, il faudra les arrêter pour le leur faire connoître.

On ne sauroit prendre trop de précautions, ni faire trop d'attention à l'espèce et au degré du châtiment, ainsi qu'à l'instant qu'il faut saisir pour le faire : cet instant perdu se répare difficilement : la correction qui vient trop tard après la faute augmente l'humeur et la colère des chevaux, et, au lieu de corriger leur désobéissance, elle les excite et les provoque à se défendre encore davantage. La patience la plus constante et la douceur la plus grande doivent diriger la correction, qu'on ne doit cependant pas épargner lorsqu'elle est nécessaire ; car un vice impuni dans son principe prendroit de nouvelles forces , et des racines si profondes qu'il seroit presque impossible par la suite de le détruire.

On doit encore observer que presque toutes les défenses des chevaux n'étant dangereuses que lorsqu'ils résistent à l'action des jambes, le principal objet qu'on doit se proposer est de les déterminer à se porter en avant. Lorsqu'on a une fois gagné sur eux ce point , il est très-probable qu'on parviendra à les rendre obéissans sur tous , pourvu cependant qu'on ne se presse pas ; on doit au contraire les tenir long-temps à la longe et aux opérations qui leur sont les plus aisées, afin de leur donner le temps de bien connoître l'effet des aides ; avant de leur ôter la longe , il est bon de les promener au pas et par le large , en les portant souvent de droite à gauche et de gauche à droite , pour les accoutumer à céder sans résistance à l'action des rènes et des jambes, qui alors doivent être secourues par celle de la chambrière qu'on diminuera insensiblement, jusqu'à ce que son effet ne soit plus nécessaire aux aides : on pourra alors leur ôter la longe , pour les travailler en liberté.

Des Chevaux qui se défendent et qui rassem-
blent en eux plusieurs des motifs qui les y
portent.

Comme tous les défauts qu'on vient de dé-
tailler séparément peuvent exister ensemble ,
en tout ou en partie dans le même cheval ,
lorsqu'ils s'y trouvent rassemblés , on doit
s'attacher d'abord à corriger le plus essentiel ,
et modifier les moyens indiqués pour cela , selon
le rapport que çe défaut peut avoir avec les autres ; on attaquera ensuite celui qui est le plus
essentiel après lui , et suivant exactement cette
gradation , on passera successivement jusqu'aux
derniers à mesure qu'on sera parvenu à détruire
ou à corriger celui qui le précédoit. Si on les
attaquoit tous à-la-fois , il seroit difficile , pour
ne pas dire impossible , de ne pas prendre beaucoup sur les qualités des chevaux , et plus elles
sont rares , plus elles deviennent précieuses
et doivent être ménagées ; au reste , il est certain qu'en attaquant et détruisant les principaux défauts , ils entraînent nécessairement la
destruction de beaucoup d'autres qui ne peuvent exister sans les premiers ; ainsi on ne peut
que gagner en suivant la règle que je viens de
prescrire ; mais on doit sur-tout se rappeler que ,

sans l'équilibre, toutes les peines, tous les soins qu'on pourra se donner, ainsi que tous les moyens qu'on pourra mettre en usage, seront absolument inutiles.

~~~~~~~~~~~~~~~~~~~~~~~~~~~~~~~~

CHAPITRE VI.

Des différens usages auxquels on emploie les Chevaux, et des moyens de les dresser.

L'objet qu'on s'est proposé dans cette partie ayant été de donner des moyens pour dresser toutes les espèces de chevaux, et les mettre en état de servir selon les usages auxquels on les destine, il est à propos de distinguer ici les différences qu'il peut y avoir entre tous ces usages, afin de retrancher ou d'augmenter, selon les cas, les moyens et les opérations qui, n'étant propres que pour de certains chevaux, deviendroient inutiles et superflus pour les autres.

Du Cheval de manège.

Le cheval de manège est celui que ses facultés naturelles rendent susceptibles d'être
~~~~~~~~~~~~~~~~~~~~~~~~~~~~~~~~

dressé à tous les airs dont il est traité dans cette seconde partie ; mais ce n'est pas la seule espèce de chevaux qu'on doive avoir pour un manège ; il est même indispensable d'y en employer de toutes sortes, afin d'apprendre aux élèves à les dresser en conséquence de l'usage qu'on en veut faire : si on ne leur en donnoit que de ceux qui ne sont propres que pour l'école, lorsqu'ils en auroient de chasse, de guerre, d'arquebuse, etc., ils seroient fort embarrassés. Il faut aussi leur en faire dresser de mauvais, de médiocres, ainsi que de bons, et en même temps leur faire remarquer, autant qu'il est possible, les nuances infinies qu'il y a entre les qualités des uns, et les défauts ou les vices des autres. Il faut convenir que les connoissances sur ce point sont très-difficiles à acquérir, que les apparences sont souvent trompeuses, parce qu'un jeune cheval peut pendant quelque temps donner de grandes espérances, qui se détruisent par la suite et en un instant ; mais comme il en est aussi qui à mesure qu'on les exerce se fortifient, et dont le travail développe les qualités, c'est précisément ce contraste que je veux qu'on saisisse et qu'on fasse sentir aux élèves, afin qu'en leur faisant comparer ces différences, ils se mettent en état de proportionner et de choisir le travail et l'exercice qui conviennent à de jeunes chevaux, en conséquence des facultés que la nature leur a données et de celles que l'art peut leur procurer.

Du Cheval destiné pour un officier.

Quoiqu'il ne soit pas de nécessité absolue qu'un cheval de guerre destiné à un officier sache exécuter, comme un cheval de manège, toutes les opérations qui ont été exposées dans le cours de cet ouvrage, on ne peut guère se refuser à cette vérité, que plus il pourra en exécuter, et le faire avec finesse et précision, et plus celui qui sera dessus aura d'aisance et de facilité à le mouvoir à sa volonté : ainsi je crois qu'on ne sauroit trop bien dresser un cheval qu'on destine à un militaire, parce qu'à égalité de courage, d'adresse et de science dans l'art de l'équitation, un officier qui se trouve dans une mêlée, ne peut se flatter d'avoir de l'avantage sur son ennemi qu'en proportion de ce que son cheval peut et sait faire. Ce raisonnement paroît n'être pas susceptible de contradiction ; il est cependant des personnes qui ne s'y rendent pas : pour les convaincre, il faut remonter aux principes.

On ne peut disconvenir que la première qualité qu'on doive désirer à un cheval de guerre ne soit la docilité à la volonté de celui qui le monte : ce point accordé, on ne pourra se refuser à cette conséquence, qu'on ne sauroit parvenir à le rendre docile que par le moyen de la main et des jambes, qui sont les seuls signes dont nous puissions nous servir pour lui indiquer notre volonté. Or, si nous ne pouvons le faire que par ces aides, il s'ensuit l'indispensable nécessité de lui donner la connoissance de leur effet; et c'est le plus ou le moins de connoissance qu'il en aura qui le rendra plus ou moins obéissant, et qui lui fera exécuter avec plus ou moins d'activité ce qu'on désire, en proportion cependant de ses qualités. On doit donc dresser un cheval de guerre de même que celui de manège, en lui apprenant de plus, s'il est possible, à sauter les haies, les fossés, etc.; on peut lui en donner l'habitude, en commençant par la leçon des piliers, jusqu'à ce qu'il lève la courbette; et lorsqu'il la saura lever en liberté, on lui fera sauter un petit fossé, et par gradations, un plus grand, qu'on élargira par la suite, selon les dispositions du cheval. On en fera autant pour les haies, en le faisaut

sauter d'abord par-dessus une barre rembour-
rée, qu'on tiendra fort près de terre et qu'on
élèvera par degrés. Il n'est pas moins nécessaire de l'accoutumer à toutes sortes d'objets :
on se servira pour cela des moyens donnés à
l'article des *Chevaux peureux*, et on lui donnera de plus la connoissance du drapeau et de
l'étendard, qu'on approchera de lui dans l'é-
curie, avec les mêmes précautions et de la même
manière que le fusil pour le cheval d'arquebuse, dont on verra le détail ci-après : lorsqu'on
pourra avancer sur le cheval avec le drapeau
à la main, sans qu'il ait peur, il faudra aussi
le faire avancer à son tour sur cet objet;
ensuite le promener au pas, au trot et au
galop, faisant tenir le drapeau par le cavalier; et pendant ce temps il le remuera de
tous les sens, à droite, à gauche, sur l'encolure et sur la croupe, observant de faire
toutes ces choses, d'abord très-doucement,
et lorsque le cheval est arrêté : peu-à-peu on
augmentera la vivacité des mouvemens, et
on mènera par degrés le cheval au plus grand
train.

Un cheval de guerre pourvu des qualités
qu'on peut lui désirer, dressé selon ces principes, monté par quelqu'un qui sauroit le

mener, donneroit à cette personne bien de la supériorité sur un homme qui sauroit mener un cheval aussi bien, mais qui en auroit un qui ne seroit pas dressé, ou qui le seroit mal. On peut de là tirer plusieurs conséquences, et voir l'avantage qu'auroit une compagnie, un escadron, un régiment, ou enfin tel autre corps de cavalerie qu'on voudra supposer, dressé et exercé dans les évolutions militaires, sur le même nombre d'hommes montés sur des chevaux dont la plupart, loin d'obéir, ne feroient que se défendre. Ce seroit se refuser à l'évidence que de ne pas convenir de toute la supériorité des premiers sur les seconds, toutes qualités d'ailleurs égales.

Du Cheval de cavalier.

Le cheval d'un cavalier étant ordinairement plus matériel, moins nerveux, par conséquent moins agile que celui de l'officier, il ne seroit pas raisonnable de prétendre en tirer le même parti, ni d'en exiger les mêmes choses ; mais comme il est essentiel de pouvoir le porter en avant, le tourner à droite ou à gauche, le reculer, enfin le porter d'un talon sur l'autre, parce qu'il n'est point d'évolution de cavalerie où il n'y ait une de ces quatre actions, on ne peut se dispenser de le mettre au point d'obéir sans difficulté aux quatre aides qui en sont les mobiles : si l'on fait usage avec discernement des leçons de la longe, du pas, du trot, du galop, des hanches en dehors et de la tête à la muraille, en y joignant la patience nécessaire, et employant pour l'exercer les moyens propres à cet objet, et dont il a été parlé au commencement de cette partie, on reconnoîtra bientôt qu'il n'est pas si difficile de mettre un cheval de cavalier en état d'exécuter toutes les différentes évolutions dont l'art militaire peut être susceptible. Je sais qu'il ne suffit pas de l'avoir mis à ce point, et qu'il faut de plus qu'il n'ait peur de rien, parce que l'honneur et la vie de l'homme de guerre dépendent souvent de la sagesse de son cheval : ainsi on doit l'accoutumer aux objets et aux bruits, en faisant usage des moyens donnés en conséquence. On va voir ceux dont il faut se servir pour les habituer à ne pas craindre le mouvement des armes, ni le feu.

Du Cheval d'arquebuse.

Quoique sur un cheval d'arquebuse on se serve beaucoup plus du pas que des autres allures, il faut néanmoins que, dans le besoin,

il puisse aller au trot et au galop, ainsi que reculer, se porter, et tourner à droite et à gauche :
pour cela on est dans l'obligation de le travailler
d'abord ainsi que les autres ; mais lorsqu'il est
dressé, on doit lui faire perdre peu-à-peu la
finesse et le trop de sensibilité qu'il auroit pu
prendre aux aides, parce que le cavalier étant
souvent obligé, en tirant, de tourner ou de
pencher son corps, ses actions contraignent ses
jambes à balancer, ou à s'approcher du ventre
du cheval qu'il ne sauroit tenir, ayant ses deux
mains occupées : si ces mouvemens portoient
le cheval à se remuer, ils empêcheroient le cavalier d'ajuster. On doit donc, après l'avoir
mis ainsi que je viens de le dire, l'accoutumer
à ne se porter en avant que quand on ferme
les jambes avec un peu de force et presque
jusqu'aux éperons : on y parviendra, si on le
contient avec la bride, en même temps qu'on
fera agir les jambes jusqu'au degré où on veut
qu'elles le portent en avant, en commençant
d'abord par le haut de la jambe, et gagnant
insensiblement jusqu'au bas : lorsqu'on y sera
parvenu, pour qu'il ne s'étonne pas du balancement des jambes, tandis qu'il marchera, on
laissera pendant quelque temps les étriers ba-
lans ; et lorsqu'il sera fait à leur mouvement,

on l'accoutumera à celui des jambes, en les laissant ballotter.

Pour lui donner la connoissance du fusil, il faudra dans l'écurie le lui montrer d'abord de loin, et on s'en approchera insensiblement, ayant attention d'arriver à lui par derrière, et un peu de côté, en lui parlant et le caressant : on en fera ensuite autant hors de l'écurie, lorsqu'il n'y aura personne dessus : on suivra la même méthode pour l'accoutumer au bruit de la détente du chien, qu'on armera et détendra alternativement ; après quoi, sans mettre de poudre dans le bassinet, on armera le fusil et on fera feu : ensuite on brûlera quelques amorces de loin et derrière lui ; et à mesure qu'il s'y fera, on se rapprochera peu-à-peu, jusqu'à ce qu'il souffre qu'on lui en brûle devant et tout près de lui. C'est alors qu'on peut le faire monter pour répéter les mêmes choses ; après quoi il faudra que le cavalier prenne un fusil, avec lequel il fera différens mouvemens, comme de lever le bout, de le baisser, de le passer de côté et d'autre par-dessus l'encolure, et enfin de prendre toutes les positions auxquelles à la chasse on peut se trouver forcé. Pendant tout ce temps, on doit le mener à la promenade au petit pas : pour le faire arrêter,

ce qu'on fera souvent, on se servira du terme
hou, ou de tel autre, il n'importe ; et pour
lui faire connoître que, quand on le prononce,
on désire qu'il s'arrète, en même temps on se
servira de la bride, et on lui rendra la main
aussitôt qu'il aura obéi : à mesure qu'il en-
tendra mieux la signification de ce mot et qu'il
y sera plus obéissant, on diminuera l'effet de
la main. Chaque fois qu'il s'arrêtera à la voix,
il faudra le caresser, et lorsqu'il ne s'arrêtera
pas, le reculer, mais sans le battre, et en lui
répétant seulement souvent le terme auquel
on veut qu'il s'arrête : on doit ensuite l'accoutumer à s'arrêter sans lui parler et au
simple mouvement du fusil : en même temps
on mettra en joue, on prononcera le terme
convenu ; ensuite on le dira plus doucement,
et on diminuera le ton de voix par gradations, jusqu'à ce qu'enfin il s'arrête à toutes
sortes de trains, à la seule action de coucher
le fusil en joue : dans le cas où il n'arrêteroit
pas, il faudroit le reculer, ainsi qu'on l'a dit
plus haut.

Tout ce qu'on vient de dire n'est pour les
chevaux qu'une affaire de mémoire : ce ne peut
être aussi qu'à force de le leur répéter qu'on
peut leur en faire prendre l'habitude ; ainsi on

doit se munir d'une patience à l'épreuve et faire usage de la plus grande douceur. Quant aux chevaux destinés pour la guerre, il est aisé de distinguer dans ce qui vient d'être dit ce qu'on doit retrancher, ou ce dont on doit faire usage ; et pour les rendre encore plus propres à leur destination, on joindra à cette méthode et au mouvement de l'arme d'en augmenter la quantité peu-à-peu et qu'on fera remuer autour d'eux de toutes les manières possibles ; on multipliera aussi le feu par degrés, en faisant tirer à toutes sortes de distances, de côté, devant et derrière, par pelotons, à feu roulant et tous à-la-fois ; on doit aussi les mener sur ces personnes armées, sur les drapeaux, les tambours et sur les batteries de canon, si l'on est à portée de le faire : tous ces objets, les premières fois, peuvent très-bien ne pas les émouvoir et ensuite leur faire peur : il faut beaucoup de suite pour les rendre absolument sages ; pour les accoutumer à l'étendard, on exécutera ce qu'on a dit pour le fusil, et on aura le soin de faire porter un drapeau par un homme à pied à côté d'eux, qui le leur passera de tous les côtés, sur l'encolure, sur la tête et sur la croupe ; il faut observer de faire toutes ces choses, d'abord dans

l'écurie, et sur - tout pendant que les chevaux mangent l'avoine : la voracité qu'ils y
mettent fait que les autres objets les affectent
beaucoup moins, et qu'ils s'y accoutument
plus facilement.

Des Coureurs.

La destination ordinaire d'un coureur est
particulièrement pour la course et la chasse :
conséquemment on n'a pas besoin qu'il puisse,
comme un cheval de manège, exécuter un
changement de main sur les hanches, une volte
ou telle opération semblable ; mais on se trouve
quelquefois dans le cas d'aller très-doucement
et souvent très-vite au galop sur l'un ou l'autre
pied ; il faut donc qu'un coureur puisse remplir ces deux objets. On sait que l'équilibre est
le principe de l'aisance et de la liberté : de ces
deux qualités jointes à la vigueur et à la légèreté naît la vitesse ; il est donc de toute nécessité de procurer à cette espèce de chevaux,
dans tous leurs mouvemens, ainsi qu'à ceux
de manège, le parfait équilibre : n'étant pas
possible d'y parvenir, comme je l'ai fait voir,
sans leur procurer la connoissance des rênes et
des jambes, on doit s'attacher à la leur donner,
en faisant usage des moyens indiqués, et en

retranchant les opérations qui ne peuvent avoir
trait qu'à mettre un cheval en état de servir au
manége ; en même temps on doit avoir attention de leur donner la plus grande liberté de
la main.

Avant de les courir à fond, il faut les y préparer, en les courant peu la première fois, la
seconde un peu plus, la troisième davantage,
ainsi de suite, mettant un intervalle d'un jour
à l'autre, jusqu'à ce que l'on voie qu'ils soient
en fond d'haleine. Il n'est pas nécessaire d'a-
vertir que, si on les dresse dans un manége,
il est indispensable de les mener souvent dehors à la promenade, pour les accoutumer au
bruit et aux différens objets.

Des Chevaux de chaise et de carrosse.

Quoiqu'il ne soit pas d'usage de faire monter
des chevaux qu'on destine à la chaise et au car-
rosse, je crois cependant qu'il seroit fort utile
de le faire, parce qu'en même temps qu'on
les débourreroit, on leur procureroit la connoissance des rênes, qu'il est de toute nécessité qu'ils aient, du moins jusqu'à un certain
degré, si l'on veut être sûr de leurs actions :
cela ne demanderoit pas un temps infini, et
quelques mois de longe suffiroient pour évi-

ter beaucoup d'accidens qu'on voit arriver tous les jours ; on pourroit aussi pendant ce temps se servir de la leçon des piliers pour leur donner plus de grace et de brillant à la voiture.

Pour retirer toute l'utilité qu'on se propose de la méthode qu'on vient d'exposer, il faut à une pratique constante des principes joindre des réflexions sur l'économie animale des différentes espèces de chevaux, sur la diversité de leurs qualités, ou défauts acquis, ou naturels ; comparer le cheval bien dressé et celui qui l'est mal, le supérieur et le mauvais, le bon et le médiocre, le naturel sage et le vicieux, et observer avec soin à quel point toutes ces choses peuvent exister ; car ces extrêmes laissent entre eux des intervalles dont les différences se divisent à l'infini : ainsi si l'on veut mettre les élèves en état de dresser les chevaux, on doit les habituer à réfléchir sur tout ce qui vient d'être dit, les engager à communiquer leurs idées, et leur faire connoître si leur sentiment est bien ou mal fondé. On ne peut porter de jugement sain, ni parvenir à de nouvelles découvertes dans ce genre que par l'exactitude des comparaisons, que par l'application juste des conséquences, et enfin que par une étude suivie et réfléchie sur les connoissances acquises.

Au reste, la carrière qu'on a à parcourir dans cet art est si étendue, que le meilleur homme de cheval laisse toujours entre le but et lui un espace qu'il ne sauroit franchir, mais dont la pratique et des dispositions heureuses, secondées de l'intelligence, peuvent diminuer chaque jour l'intervalle.

EXPLICATION

DE QUELQUES TERMES DE L'ART.

A DELA, est un terme dont on se sert pour faire porter le cheval du côté opposé à celui où l'on se trouve.

Aider ou *Secourir* un cheval, c'est se servir des aides selon le besoin, lorsqu'il veut s'arrêter ou se ralentir : on le secourt de la main en l'élevant, lorsque le devant foiblit.

Aides : ce sont les moyens dont on se sert pour indiquer au cheval ce qu'on exige de lui ; plus les mouvemens des aides sont imperceptibles, et liés les uns aux autres, plus les aides sont fines : c'est de cette liaison et de cette succession de mouvemens bien dirigés que provient cette harmonie qu'on nomme *accord parfait*. On dit aussi qu'un cheval a les *aides fines*, lorsqu'il cède à la pression la plus légère de celles du cavalier.

Air, est la cadence propre aux mouvemens du cheval dans chaque allure. Ce terme s'emploie plus ordinairement pour exprimer cette cadence dans les allures artificielles.

Airs bas : on appelle ainsi ceux des chevaux qui manient près de terre ; ces airs sont : le piaffer, le passage, la galopade et le terre-à-terre.

Airs relevés, sont ceux qui sont plus détachés de terre que les précédens, comme le mézair, la pesade, la courbette, la croupade, la balotade, la capriole, et le pas et le saut.

Allures. Il y-en a de trois sortes : les allures naturelles et parfaites, les allures naturelles et défectueuses, et les allures artificielles.

Allures naturelles et parfaites, sont celles que la nature donne à un cheval bien constitué. Elles sont au nombre de trois : le pas, le trot et le galop.

Allures naturelles et défectueuses, sont celles qui viennent d'une conformation vicieuse de l'animal, et d'une nature foible ou ruinée. Il y en a trois : l'amble, l'entre-pas et l'aubin.

Allures artificielles. Elles proviennent des naturelles, et sont le fruit des leçons d'un homme de l'art, qui tire parti de la souplesse, du liant, du nerf, de la force et de la vigueur qu'il rencontre dans les chevaux : c'est, s'il m'est permis de m'ex-primer ainsi, la culture des différentes dispositions et qualités dont la nature les a doués. Elles comprennent ce qu'on appelle *airs bas , airs relevés.*

Amble. Cette allure, plus diligente que le pas, est composée de deux temps : le cheval, au premier temps, lève, porte en avant, et pose ensemble la jambe de devant et celle de derrière du même côté ; les deux jambes de l'autre côté font le même mouvement, et forment le second temps.

On remarquera que, lorsqu'un cheval va bien l'amble, il pose les pieds de derrière beaucoup plus avant que n'étoient ceux de devant, et que pour cela, il marche les hanches basses et pliées : ceux qui vont les hanches hautes et roides , n'avancent pas tant, et fatiguent beaucoup plus leur cavalier. En général un cheval d'amble ne dure pas long-temps, sur-tout sur un terrein dur et raboteux ; et c'est un signe de foiblesse ou de fatigue ; car lorsqu'un cheval est usé, il prend souvent cette allure, ne pouvant plus soutenir celles qui lui étoient auparavant ordinaires et naturelles.

Appui : C'est la sensation que fait éprouver à la main du cavalier l'action du mors sur les barres du cheval. Il est des chevaux qui n'ont

point d'appui, d'autres qui en ont trop : le milieu de ces deux extrêmes forme le bon appui ;
et le bon appui est la sensation que fait éprouver
un cheval qui, n'ayant ni trop, ni trop peu de
sensibilité dans la bouche, a la tête assurée et
légère, et obéit avec facilité aux différentes actions de la main.

Arrêt, est l'action que fait la main du cavalier
pour faire cesser totalement les mouvemens du
cheval : ce mot exprime aussi la cessation de ces
mouvemens de la part de l'animal.

Asseoir, voyez *rassembler*.

Attacher à la main (s') ; c'est tenir la bride
de suite, en tirant avec effort.

Aubin : c'est une allure dans laquelle le cheval,
en galopant des jambes de devant, trotte, ou va
l'amble des jambes de derrière. La fatigue, la foiblesse, et le derrière usé et ruiné, obligent ordinairement le cheval de prendre cette allure.

BALOTADE : c'est un saut dans lequel le cheval, ayant les quatre jambes en l'air, et à la même
hauteur, présente ses fers de derrière sans détacher la ruade.

Bas du devant : on appelle ainsi le cheval dont
le garrot est moins élevé que la croupe.

Battre à la main : c'est, de la part du cheval,

donner des coups de tête en l'élevant et l'abaissant alternativement, avec des mouvemens brusques.

Bien mis, *bien dressé*, se dit d'un cheval parfaitement obéissant aux aides.

CAPRIOLE : c'est un saut dans lequel le cheval, étant en l'air, le devant et le derrière à la même hauteur, détache la ruade : c'est le saut le plus élevé.

Changement de main : c'est l'action que fait un cheval avec les jambes, lorsque, galopant sur un pied, il en change. Ce terme nous est resté des anciens écuyers, qui nommoient les parties du corps du cheval comme celles du corps de l'homme : et de même qu'on dit aujourd'hui la bouche du cheval, le menton, etc, ils appeloient aussi le pied d'un cheval, la main ; ainsi changer de main, c'est changer de pied. On entend aussi par changement de main la ligne qu'on fait décrire à un cheval en traversant le manège, pour le travailler à l'autre main. (*Planche I, figures* 2, et 3 ; *pl. II, fig.* 1 et 2.)

Chasser : c'est faire aller son cheval en avant, en fermant les jambes.

Chevaler : c'est passer ses jambes l'une par-dessus l'autre, en allant de côté.

15 *

Confirmé, se dit d'un cheval de la parfaite obéissance duquel on est assuré.

Contre-changement de main : c'est changer deux ou plusieurs fois de suite de main. (*Planches IV et V.*)

Courbette : c'est un saut dans lequel les hanches du cheval étant pliées et sous lui, rabattent et accompagnent, avec une cadence basse et tride, les jambes de devant dans l'instant qu'elles retombent à terre.

Croupade : c'est un saut dans lequel le cheval, étant en l'air et de niveau, retire sous son ventre ses jambes de derrière à même hauteur que celles de devant.

Croupe au mur : C'est une opération dans laquelle le cheval suit les murs du manège, ayant la croupe près de la muraille, la tête et les épaules en dedans, et à une certaine distance de cette même muraille.

DEMI-ARRÊT : c'est l'action de la main du cavalier qui, faisant pour un moment une impression plus forte sur les barres du cheval, l'oblige à suspendre, pour ainsi dire, ses mouvemens, sans les cesser tout-à-fait.

Demi-volte, est un demi-cercle que le cheval décrit en tenant des hanches : lorsqu'il est arrivé

(229)

sur le diamètre , on le travaille à l'autre main.
(*Planche III, figures* 2 , 3 *et* 4 *; pl. IV,
fig.* 3.)

Désuni. Un cheval au galop peut être désuni
du devant ou du derrière : il est désuni du devant ,
lorsque c'est la jambe de dehors de devant qui
entame le chemin au lieu de celle de dedans , et
que d'ailleurs les trois autres jambes sont dans
l'ordre qu'elles doivent observer : il est désuni
du derrière , lorsque la jambe de dehors de derrière se pose plus avant que celle de dedans.

Doubler, signifie quitter la ligne droite que
l'on parcourt , pour en décrire une nouvelle qui
forme , avec la première , un angle droit. Cette
opération s'exécute en partageant le manège en
deux parties égales ou inégales. (*Planche I,
fig.* 1 *; pl. III, fig.* 1.)

ENTABLER (s') : c'est aller de côté les hanches les premières , c'est-à-dire précédant les
épaules ; dans cette attitude , le cheval recule au
lieu d'avancer. Ce terme n'est plus guère d'usage ,
non plus que celui d'*acculer :* on doit se servir
de celui de *reculer.*

Enterré , signifie , sur les épaules.

Entrepas ou *traquenard,* est un tricotement
des jambes vite et suivi , qui ressemble à un

amble rompu. Cette allure est, dans le cheval, un signe de foiblesse ou d'extrême fatigue.

Épaules en dedans, voyez *hanches en dehors.*

Être dans la main et dans les jambes, ou, comme on disoit autrefois, *dans les talons,* désigne un cheval bien mis et confirmé.

FAIRE les forces ou *le ciseau :* c'est ce que font certains chevaux en ouvrant la bouche, et en portant la mâchoire inférieure de gauche à droite, et de droite à gauche : on dit aussi qu'ils ont la bouche fausse.

Faux : un cheval galope *faux,* lorsqu'allant à une main, au lieu d'entamer le chemin avec la jambe de dedans, comme il le doit, il l'entame avec la jambe de dehors, c'est-à-dire qu'il galope alors, allant à main droite, comme il doit galoper lorsqu'il va à main gauche, ou qu'allant à main gauche, il galope comme s'il travailloit à droite.

Fermer, voyez *tenir des hanches.*

Fermer, serrer une demi-volte : c'est finir une demi-volte, de manière que les épaules et les hanches arrivent en même temps sur le diamètre du demi-cercle qu'elles décrivent.

Forger : c'est attraper, en marchant, les

fers des pieds de devant avec ceux des pieds de derrière.

GALOP. Il est composé de quatre temps : c'est une espèce de saut en avant ; car les jambes de devant ne sont point encore à terre lorsque celles de derrière se lèvent, de manière qu'il y a un instant où les quatre jambes sont en l'air. Dans le galop, on distingue deux principaux mouvemens, l'un pour la main droite, qu'on appelle *galoper sur le pied droit*, l'autre, pour la main gauche, qu'on appelle *galoper sur le pied gauche*. On connoît cette différence à l'action et à la position des jambes. En voici l'ordre.

Pour galoper à droite, le cheval ayant rassemblé les forces de ses hanches pour s'élever, et pour chasser les parties de devant, le pied gauche de derrière se pose à terre le premier, et forme le premier temps ; le pied droit de derrière se posant ensuite, et se plaçant plus avant que l'autre, forme le second temps ; le pied gauche de devant se pose immédiatement après celui-ci, et marque le troisième temps ; enfin le pied droit de devant se pose en se plaçant plus avant que le pied gauche de devant, et marque le quatrième temps.

On doit observer qu'il faut qu'un cheval ait bien des qualités pour que, dans son galop, les quatre temps dont on vient de parler soient bien distincts : assez généralement à cette allure, dans l'action du pied droit de derrière et celle du pied gauche de devant, il n'y a qu'un temps qui soit sensible à la vue et à l'oreille ; ainsi, dans ce cas, on ne peut compter que trois temps.

A main gauche, la position des pieds est différente, en ce que c'est le pied droit de derrière qui marque le premier temps, le pied gauche de derrière qui marque le second, le pied droit de devant qui marque le troisième, et le pied gauche de devant qui marque le quatrième.

S'il arrive qu'un cheval n'observe pas, en galopant, soit à l'une ou à l'autre main, dans la position de ses pieds, l'ordre qui vient d'être expliqué, il est faux ou désuni.

Grandir (*se*). On dit qu'un cheval se grandit lorsque ses hanches coulent sous lui, et que le devant s'élève.

Hanches en dehors, les épaules en dedans, l'épaule en dedans, signifient l'action d'un cheval qui décrit deux cercles, l'un des pieds de derrière, l'autre des pieds de devant, la tête en face du centre, le bout du nez en dedans, et qui se porte en dehors. (*Planche VII, fig.* 3.)

Harper : c'est lever, par un mouvement

convulsif, la jambe de derrière plus haut qu'il ne faut : les chevaux qui ont des éparvins secs harpent.

Hola. Ce terme est en usage pour faire arrêter le cheval sans le secours de la bride.

Huit de chiffre. Opération qui porte ce nom, parce que son exécution représente cette figure.

Large. Aller *large*, c'est suivre exactement les quatre murs du manège.

Main assurée, est celle qui reste en repos malgré les mouvemens du corps du cavalier : ce doit être l'état habituel de la main toutes les fois qu'on n'a pas pour objet de la faire agir.

Main douce, est celle qui agit avec beaucoup de liaison et de délicatesse.

Main ferme, est celle qui par son immobilité résiste aux mouvemens de la tête du cheval.

Main légère, est celle qui ne se fait sentir que moelleusement et par intervalles.

Main rude, est celle qui n'agit que par des mouvemens brusques et trop forts. Il est aussi dangereux d'avoir la main rude que de s'y attacher.

Manège. Ce terme a deux significations, sa-

voir : le lieu où l'on exerce les chevaux , et la manière dont on les exerce.

Il y a deux espèces de manège pour exercer les
chevaux ; les uns couverts et les autres découverts.
Tous deux ont ordinairement la forme d'un carré
long , auquel on donne de largeur le tiers de sa
longueur , qui est indéterminée. On entoure de
barrières le manège découvert ; à chaque bout
du manège couvert , à même distance des deux
grands côtés , et assez loin d'un des petits , pour
ne pas empêcher de passer les chevaux , on place
deux poteaux , éloignés de cinq ou cinq pieds et
demi l'un de l'autre , sortant de terre d'environ
six pieds ; on les nomme *piliers* (*Planche I ,
figure* 1) : on a grande attention qu'ils soient
bien polis et bien arrondis , afin qu'ils ne puissent
blesser , ni les chevaux qu'on y exerce , ni les
écoliers qui les montent : tout auprès de l'extrémité d'en haut , on pratique une entaille circulaire , formant une espèce de col , pour arrêter
les cordes du caveçon , et les empêcher de glisser :
on les y attache par un nœud coulant.

Le manège , regardé comme exercice du cheval , est la manière de le travailler à toutes sortes
d'airs.

Mettre sur les hanches , voyez *rassembler.*

Mézair , signifie *moitié-air* : c'est un saut

qui n'est guère plus élevé que le *terre-à-terre*, et qui est moins écouté, moins soutenu et plus avancé que la *courbette* : on l'appelle aussi *demi-courbette*, ce qui exprime assez bien le mouvement du cheval dans cet air.

PARADE. Ce mot exprime la manière d'arrêter un cheval, en sorte que le devant s'élève, et que les hanches se portent en avant et sous lui : on dit dans ce cas-là *parer* pour *arrêter*. Ce mot n'est plus guère d'usage.

Parer Voyez *rassembler*.

Pas : c'est la moins élevée, la plus lente et la plus douce de toutes les allures du cheval. Pour aller le pas, il lève l'une après l'autre les deux jambes qui sont opposées, l'une devant et l'autre derrière : quand, par exemple, la jambe droite de devant est en l'air et se porte en avant, la jambe gauche de derrière se lève immédiatement après, et suit le même mouvement ; après quoi les deux autres jambes en font autant ; en sorte que dans le pas il y a quatre temps : le premier est marqué par la jambe droite de devant ; le second, par la jambe gauche de derrière ; le troisième, par la jambe gauche de devant ; et le quatrième, par la jambe droite de derrière, ainsi de suite.

Pas et le saut s'exécute en trois temps , dont le premier est un temps de galop raccourci ou terre-à-terre , le second , une courbette , et le troisième une capriole , et ainsi alternativement. Les chevaux qui n'ont pas assez de force pour redoubler la capriole prennent cet air , qui leur est plus aisé , parce qu'il leur laisse le temps de reprendre leur équilibre et leurs forces pour fournir le saut suivant. Les sauteurs qui commencent à s'user prennent cet air.

Passade : ce n'est qu'une demi-volte , répétée à chaque extrémité d'une ligne droite , qu'on parcourt alternativement à main droite et à main gauche.

Passage , vient du mot italien *passegio* , qui veut dire promenade. C'est un pas écouté et relevé, qui a l'action du trot, mais plus mesuré, plus raccourci que celui-ci, et plus cadencé que le pas : le cheval l'exécute en plaçant les jambes comme au trot, mais il les tient plus long-temps en l'air , ce qui forme la cadence , et rend cette allure plus brillante et plus agréable.

Pesade : c'est un air dans lequel le cheval lève le devant, tenant les pieds de derrière à terre fixés dans la même place.

Peser à la main : le cheval pèse à la main

lorsqu'il s'appuie sur le mors, et s'appesantit sur la main, de manière qu'il se fait, pour ainsi dire, porter la tête.

Piaffer : ce n'est autre chose que le passage dans la même place, avec cette différence, que les mouvemens du cheval y sont plus actionnés et plus trides qu'au passage.

Pirouette : c'est une espèce de volte, les pieds de derrière du cheval ne quittant point le centre du cercle dont les pieds de devant décrivent la cir-conférence : elle n'est plus en usage, mais le cheval qui aura de bonnes hanches, de bons jarrets, et qui connoîtra bien les aides, l'exécutera bien dès la première fois.

Piste : on nomme ainsi le chemin que décrivent les quatre pieds du cheval en marchant. Il va d'une piste, lorsque les pieds de derrière décrivent la même ligne que les pieds de devant : il va de deux pistes, lorsqu'il marche de côté ; et alors les pieds de derrière décrivent une autre ligne que ceux de devant : c'est ce qu'on appelle *fuir les talons, tenir des hanches. (Planche I, fig. 1 ; pl. II, fig. 2.)*

Prendre le mors aux dents : c'est prendre les branches du mors avec les dents, ce qui empêche l'effet de l'embouchure sur les barres.

Ramener : c'est faire baisser la tête et le nez à un cheval qui les tient trop en avant ou trop élevés.

Ramingue ou *rétif*, sont des termes qui désignent un cheval qui se défend en place, et résiste aux aides, par ignorance, malice ou mauvaise volonté.

Rassembler, renfermer un cheval, le mettre sur les hanches, l'asseoir, le parer, sont tous termes synonymes. En général on conçoit par un cheval rassemblé ou assis, celui qui, par l'action souple et flexible de ses hanches, les porte en avant et sous lui, pour supporter le poids de son corps, alléger le devant, et servir de ressort et de point d'appui à tous ses mouvemens.

Reculer : c'est se porter en arrière. Le cheval dans cette opération, à chaque pas qu'il fait, est alternativement sur l'une et l'autre hanche ; une des jambes de derrière reste sous son ventre, pour lui servir de point d'appui, et donner la liberté à l'autre de se porter en arrière.

Rendre la main : c'est en général donner plus de liberté au cheval, soit en baissant la main de la bride, soit en prenant la bride de la main droite, et la baissant après l'avoir quittée de la main gauche.

(259)

Reprise : C'est le travail que l'on exige sans interruption, soit de l'homme, soit du cheval.

Rétif, voyez *Ramingue.*

Ruade : c'est une espèce de mouvement convulsif, dans lequel le cheval lance avec force toutes les parties du derrière, comme s'il vouloit, pour ainsi dire, séparer ses hanches de son corps.

Saccade, à coup : c'est une action brusque et violente de la main du cavalier qui fait une impression subite sur la bouche du cheval.

Scier des bridons : c'est faire aller et venir l'embouchure du bridon comme une scie, en tirant alternativement l'une et l'autre rène.

Secourir, voyez *aider.*

Serrer une demi-volte, voyez *fermer.*

Tenir des hanches, fermer, fuir les talons : c'est aller d'un point à un autre par des pas de côté : on ferme plus ou moins, selon que la ligne qui seroit tirée des épaules aux hanches du cheval s'éloigne plus ou moins de la perpendiculaire élevée sur la ligne qui joint le point d'où l'on part, et celui où l'on veut arriver. (*Planche II, fig.* 1 *et* 2 *; pl. III, fig.* 3 *et* 4 *; pl. VII, fig.* 6 *,* 7 *et* 8.)

Terre-à-terre : c'est un galop en deux temps, qui se fait de deux pistes. Dans cette action, le cheval lève les deux jambes de devant à-la-fois, et les pose à terre de même ; celles de derrière suivent et accompagnent celles de devant, ce qui forme une cadence basse et tride, qui est comme une continuation de petits sauts fort bas et près de terre, le cheval allant toujours en avant et de côté. Cet air sert de fondement à tous les airs relevés, parce que généralement tous le sauts se font en deux temps, comme le terre-à-terre.

Tête au mur : c'est quand le cheval, se trouvant en face du mur, et allant de côté, forme avec lui deux angles, l'un obtus, du côté où il va, et l'autre aigu, du côté opposé ; car les épaules devant toujours précéder les hanches, le cheval forme une ligne oblique sur le mur, et par conséquent les deux angles dont on vient de parler. (*Planche VII ,fig.* 6 *,* 7 *et* 8.)

Tirer à la main : c'est de la part du cheval se roidir contre la main du cavalier, et lui tirer la bride, soit en baissant la tête, soit en la levant, soit en poussant le nez en avant avec un mouvement brusque.

Traquenard, voyez *entre-pas.*

Traverser (*se*), se mettre de *travers ,* se dit

du cheval qui porte ses épaules ou ses hanches hors de la ligne qu'il doit décrire. Il se met aussi de travers, s'il laisse tomber ses épaules d'un côté de cette ligne, et ses hanches de l'autre.

Trépigner : c'est l'action d'un cheval colère qui précipite les mouvemens de ses jambes, en les élevant et les abaissant dans la même place, et en battant la terre.

Tride, exprime les mouvemens vifs et fréquens que font les chevaux qui sont bien assis sur les hanches.

Trot. Il est composé de deux temps : l'action que fait le cheval à cette allure est de lever en même temps les deux jambes opposées, et de les poser aussi en même temps à terre, c'est-à-dire que la jambe droite de devant et la jambe gauche de derrière se lèvent ensemble, et qu'en même temps qu'elles se posent à terre, les deux autres se lèvent pour se poser de même. Dans le trot, le mouvement est plus vif, plus relevé et plus diligent que dans le pas, ce qui rend cette allure plus rude que celle du pas, qui est lente et près de terre.

Volte, du mot italien *volta*, qui veut dire *tour*, s'exécute, en faisant aller le cheval de deux pistes de côté décrivant un cercle , dont on laisse le centre derrière soi. (*Planche VI, fig.* 4.)

Volte renversée : C'est le chemin que décrit un cheval qui va de deux pistes , la tête et les épaules du côté du centre , et les hanches du côté de la plus grande circonférence ; c'est par consé-quent le contraire de la volte. (*Planche VII, figure* 1.)

EXPLICATION DES PLANCHES.

***

Nota. Chaque carré long, comme *NOPQ*, représente un manège, qui a de largeur le tiers de sa longueur.

Les lignes fines sont celles que décrit le cheval.

Les petits arcs, représentant les fers du cheval, marquent la position de ses pieds.

Toutes les figures représentent le terrein que parcourt un cheval, travaillant à main droite.

PLANCHE Iʳᵉ.

Figure 1ʳᵉ.
A, cheval droit par le large, c'est-à-dire parallèle au mur.

C, *E*, comment on passe les coins : on y fait entrer le cheval plus ou moins, comme on le voit en *C* et en *E*.

D, doubler. On observe les mêmes choses pour doubler que pour passer les coins.

Fig. 2. Changement de main à la longe. Le

16 *

cheval *F* tourne en *G*, vient en *H*, et tourne à gauche au point *L*, pour travailler à main gauche.

Fig. 3. Changement de main droit par le large. Le cheval *G* quitte le mur en *F*, et va joindre l'autre mur en *M*, où il se trouve à main gauche.

PLANCHE II.

Figure 1. Changement de main en tenant une demi-hanche. La seule différence de ce changement de main au précédent, c'est que, le cheval allant un peu de côté, les pieds de derrière ne décrivent pas la même ligne que ceux de devant.

Fig. 2. Changement de main, en tenant des hanches ou fermant tout-à-fait. Le cheval, en se portant de *F* en *M*, reste presque entièrement parallèle au mur.

PLANCHE III.

Figure 1. Doubler par le milieu. Le cavalier ayant passé le coin *B*, tourne au milieu du petit mur du manège en *C*, suit la ligne *CM*, et peut tourner à volonté, comme on le voit aux points *D*, *E*, *F*, etc., pour rejoindre le grand mur qu'il avoit quitté.

Fig. 2. Demi-volte. Le cheval *A* tourne en *B* au milieu du petit mur du manège, et vient en *C*, où il se trouve à main gauche.

Fig. 3. Demi-volte, en tenant une demi-hanche.

Fig. 4. Demi-volte, en tenant des hanches ou fermant tout-à-fait.

P L A N C H E IV.

Figure 1. Contre-changement de main. Le cheval arrivé au point *D*, quitte le mur, et se porte, en tenant des hanches, jusqu'au milieu du manège en *E*, où il reprend, et d'où il se reporte de même vers le mur qu'il avoit quitté, où il reprend encore.

Fig. 2. Contre-changement de main. Le cheval, après s'être porté de *D* en *E*, reprend, et va droit jusqu'en *F*, où il tourne à gauche.

Fig. 3. Demi-volte. Le cheval *A* quitte le mur en *B*, décrit des pieds de derrière le demi-cercle *BCD*, et l'autre des pieds de devant, et arrive en *D*, où il se trouve à l'autre main.

P L A N C H E V.

Figure 1. Plusieurs contre-changemens de main.

Fig. 2. Contre-changemens de main dans le milieu du manège.

P L A N C H E VI.

Figure 1. Huit de chiffre. Le cheval *M* ayant tourné le coin *C*, suit le grand mur, tourne au point *D*, fait un changement de main de *E* en *F*, tourne au point *G*, ensuite en *H*, fait un changement de main de *L* en *M*, et se retrouve au point d'où il étoit parti.

Fig. 2. Huit de chiffre, en tenant une demi-hanche. Le cheval partant de *A*, parcourt successivement les points *B*, *C*, où il reprend, *D*, *E*, *F*, *C*, où il reprend encore, *G*, et va au point *A*, d'où il étoit parti.

Fig. 3. Huit de chiffre, en tenant des hanches, la croupe vis-à-vis du centre. Le cheval partant de *A* va en *B*, en *C*, où il reprend et tourne pour se trouver en *D*, va ensuite en *E*, en *F*, en *C*, où il reprend et tourne encore, en *G*, et enfin en *A*, d'où il étoit parti.

Fig. 4. Volte. Le cheval *B* a les hanches un peu en dedans ; le cheval *C* tient une demi-hanche ; le cheval *D* ferme tout-à-fait, et a la croupe vis-à-vis du centre.

Fig. 5. Changement de main des voltes. Le cheval *A* arrivé en *B*, tourne en portant les épaules beaucoup à droite, vient en *C*, ensuite en *D*, où il reprend , pour se porter vers E , sur la circonférence du même cercle , allant à main gauche.

Fig. 6. Autre changement de main des voltes. Le cheval étant au point A , la croupe vers le centre , et allant à main droite , on l'arrête un temps , et fixant ses pieds de derrière en place , on porte un peu les épaules à gauche , pour le faire reprendre et le travailler à cette main.

PLANCHE VII.

Figure 1. Volte renversée. Le cheval étant au point A , et se portant à droite , a les hanches un peu en dedans ; au point B , les y a davantage ; au point D , fait face au centre.

Fig. 2. Changement de main pour les voltes renversées. Le cheval étant au point A , et se portant à droite , on fixe ses pieds de derrière en place , et on porte un peu ses épaules à gauche , pour le faire reprendre et le travailler à cette main.

Fig. 3. Les hanches en dehors. Les points A,B,C , marquent les différens degrés par lesquels on fait passer un cheval qu'on travaille sur les cercles les hanches en dehors , jusqu'à ce qu'on soit parvenu à le faire aller de côté , la tête entièrement tournée vers le centre, comme on le voit en D.

La différence qui se trouve entre le travail d'un cheval qui exécute une volte renversée, et le travail de celui qui va les hanches en dehors, c'est que le cheval (*fig.* 1), ayant le bout du nez à droite, se porte à droite en fuyant le talon gauche, et que le cheval (*fig.* 3), ayant également le bout du nez à droite, se porte à gauche en fuyant le talon droit.

Fig. 4. Changement de main d'un talon sur l'autre, pour les hanches en dehors. Le cheval étant venu de B en C, on fixe ses pieds de derrière en place, et on porte un peu ses épaules à droite, pour le travailler à gauche, en le reportant vers B. A, cheval travaillant sur un plus petit cercle.

Fig. 5. Autre changement de main pour les hanches en dehors. Le cheval se portant de A vers B, marche en avant et d'une piste vers C, ensuite vers D, et arrivé sur la circonférence du cercle, tourne à gauche, et se reportant à droite, se trouve en E, la tête vis-à-vis du centre.

Fig. 6. La tête au mur. Le cheval ayant la tête près de la muraille, et allant de A vers B, a les hanches très-peu éloignées du mur.

Fig. 7. La tête au mur. Le cheval a les hanches plus éloignées du mur que dans la figure précédente.

Fig. 8. La tête au mur. Le cheval se portant de *A* vers *B*, ses épaules et ses hanches s'éloignent très-peu de la ligne perpendiculaire à la muraille.

Le cheval, dans ces trois figures, se portant à droite, on dit qu'il fuit le talon gauche ; s'il se portoit à gauche, on diroit qu'il fuit le talon droit.

P L A N C H E VIII.

Figure 1. Cercles diminués. Le cheval va de *A* vers *B*.

Fig. 2. Cercles augmentés. Le cheval va de *B* vers *A*.

Fig. 3. Cercles diminués et augmentés. Le cheval *A*, suivant la ligne ponctuée, s'approche du centre, et reprenant la ligne pleine, il s'en éloigne, travaillant toujours à la même main.

Fig. 4. Changement de main sur les cercles au galop. Le cheval venant de *A*, tourne au point *B*, et arrivé en *C*, reprend, en tournant à gauche.

Fig. 5. Manière d'apprendre à un cheval à

changer aisément de pied. Le cheval décrivant
au galop la circonférence du cercle A, tourne
à gauche au point C, où il reprend, pour décrire la circonférence du cercle B.

PLANCHE IX.

Figure 1. Course de bague. Le cavalier partant
du point A, tourne au point B, parcourt successivement les points C, D, A, E, où il prend
la bague, et s'arrête au point F.

Fig. 2. Course des têtes. Le cavalier partant du
point A, tourne en B, parcourt successivement
les points C, D, A, E, où il prend la tête de
la lance, suit les murs jusqu'en F, où il tourne,
pour venir en G lancer son dard à la tête de
Méduse, va en H, suit les murs jusqu'en I,
où il tourne, pour venir en K lancer un dard
ou tirer un coup de pistolet à la tête du More,
va en L, où il tourne à droite pour venir le
long du mur ramasser la tête à terre en M,
et s'arrête au point N, où finit la course.

TABLE DES MATIÈRES

Contenues dans cet Ouvrage.

A.

H.

J.

L.

M.

Fin de la Table des Matières.

ERRATA.

Page 45, ligne 8 : du côté ; *lisez* le côté.
Page 92, ligne 12 : ajoutez à la marge, *Planche IX, fig.* 1.
Page 96, ligne 7 : ajoutez à la marge, *Planche IX, fig.* 2.
Page 109, ligne 17 : pour le redresser, *lisez* pour les redresser.
Page 147, ligne 22 : pages 61 et 81, *lisez* pages 61 et 73.

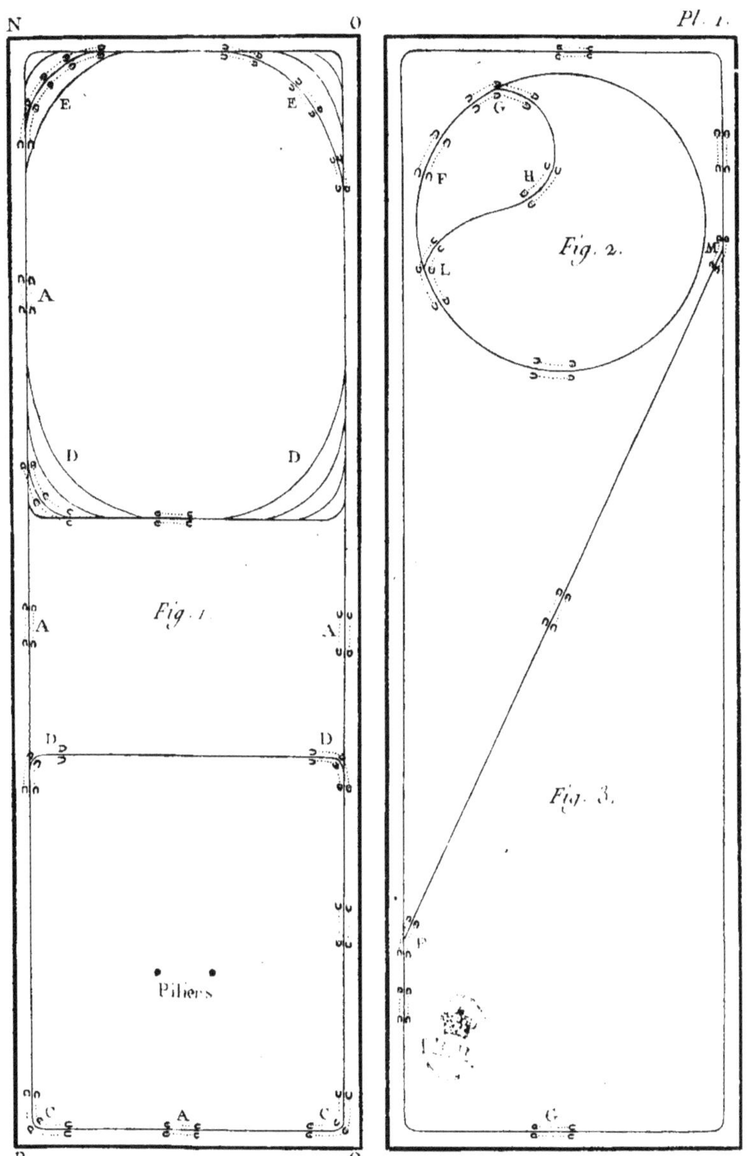

N
O
Pl. 1.
E
E
A
D
D
Fig. 1
A
A
A
D
D
Piliers
C
A
C
P
Q
G
F
H
Fig. 2.
M
L
Fig. 3.
F
G

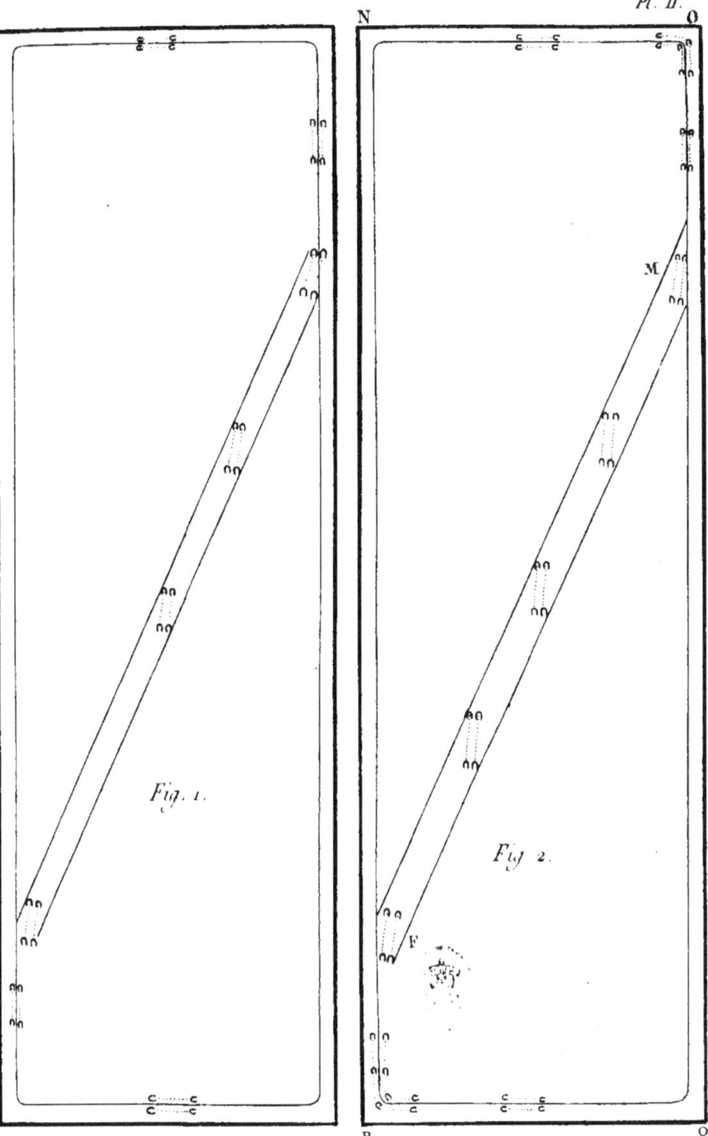
N
O
M
Fig. 1.
Fig. 2.
F
P
Q

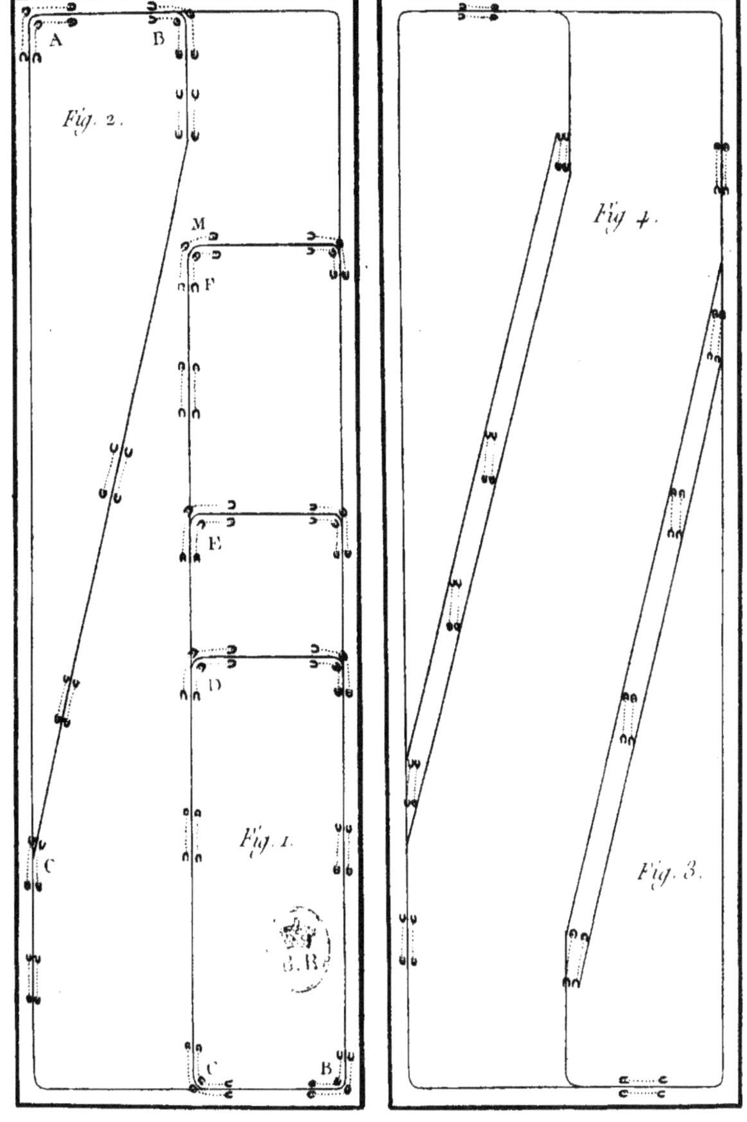
Fig. 2.
A
B
M
F
E
D
C
Fig. 1.
C
B
Fig. 4.
Fig. 3.

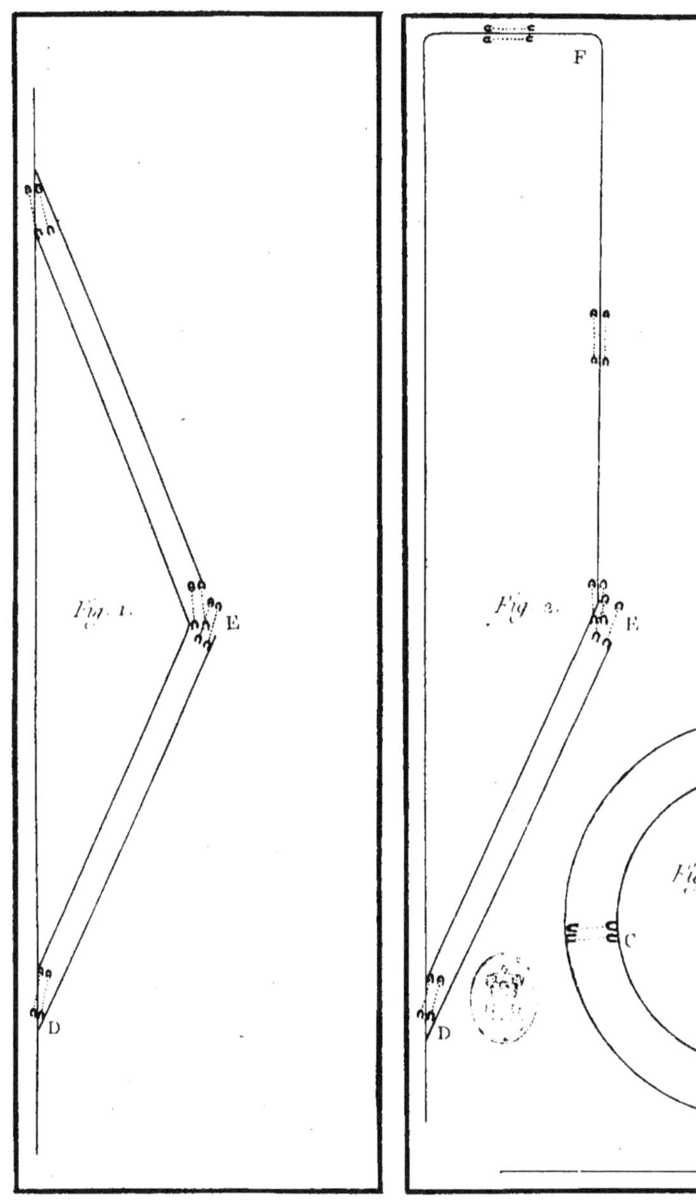
Fig. 1.
D
E
Fig. 2.
E
D
F
Fig. 3.
A
B
C
D

Pl. V.

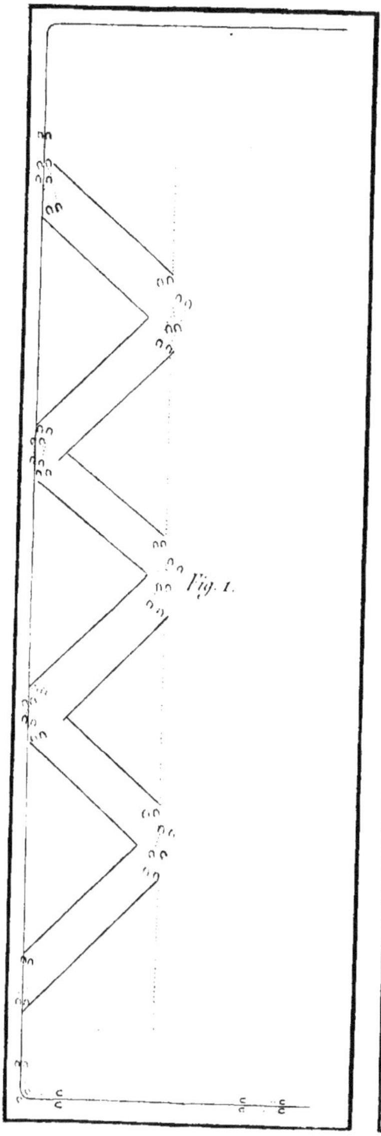

Fig. 1.

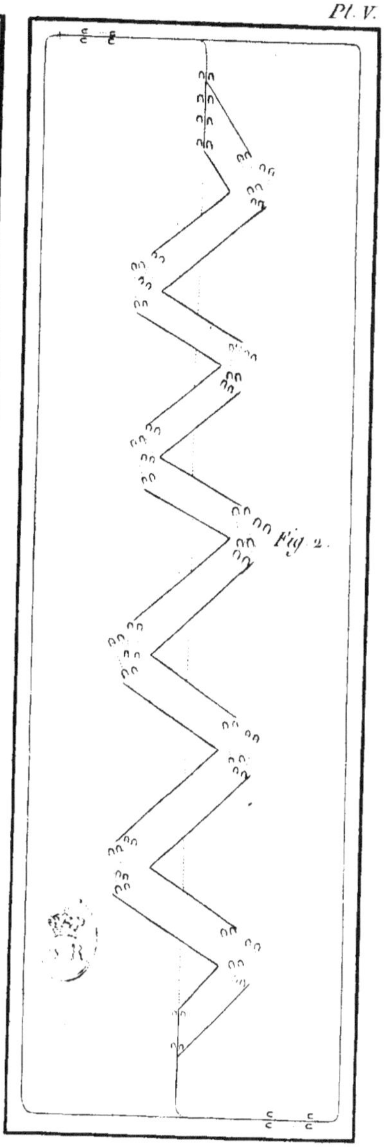

Fig. 2.

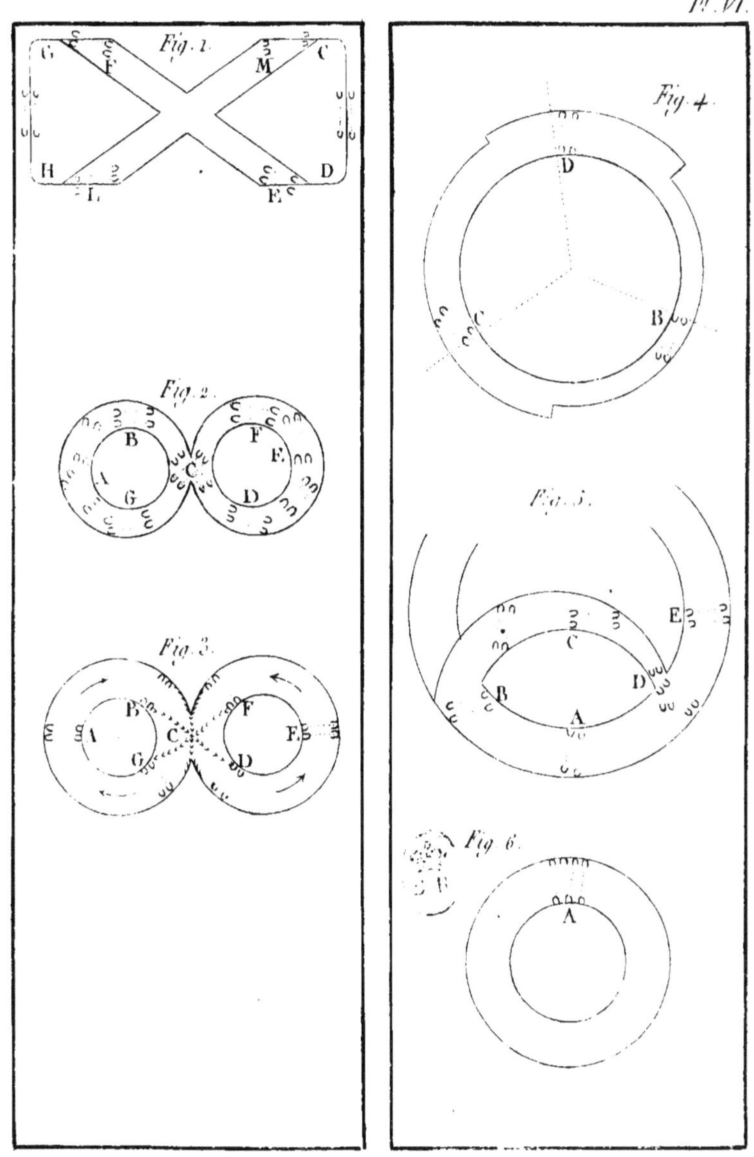

Fig. 1.
G
F
M
C
H
I
E
D
Fig. 2.
B
A
C
G
F
E
D
Fig. 3.
B
A
C
G
F
E
D
Fig. 4.
D
C
B
Fig. 5.
E
C
B
D
A
Fig. 6.
A

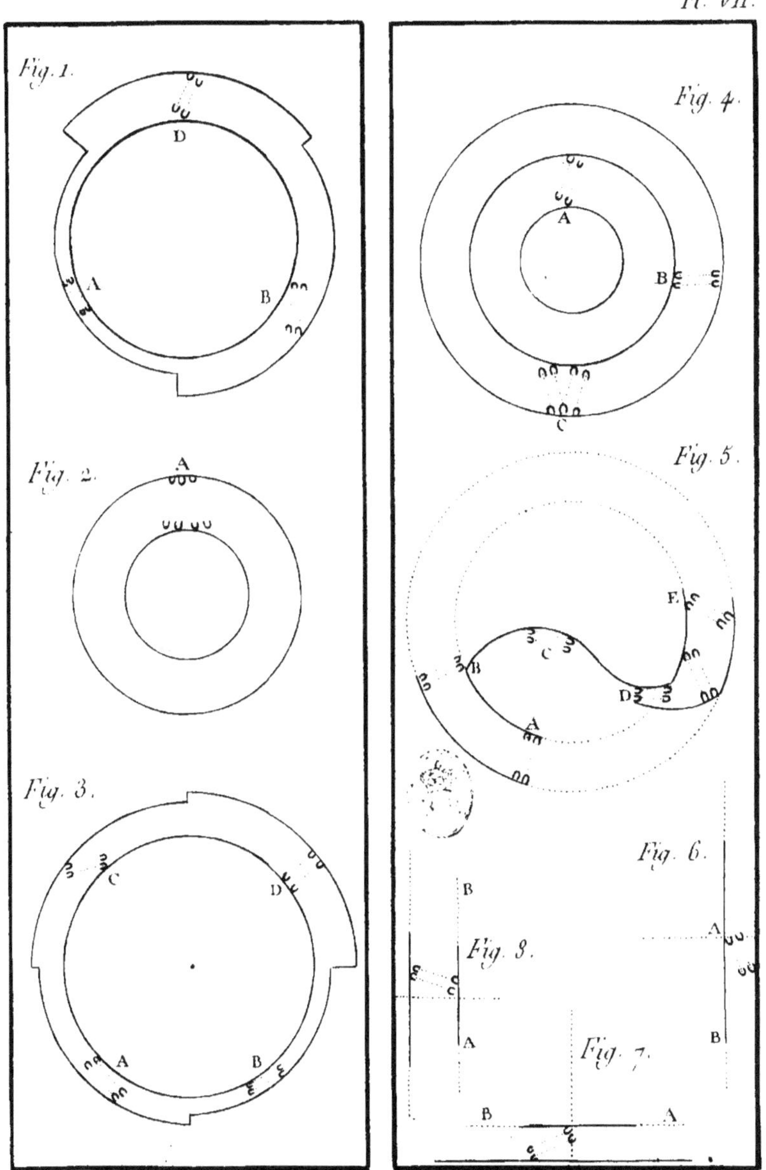

Fig. 1.
D
A
B
Fig. 2.
A
Fig. 3.
C
D
A
B
Fig. 4.
A
B
C
Fig. 5.
F
B
C
D
A
Fig. 6.
B
A
Fig. 8.
B
C
A
B
A
Fig. 7.

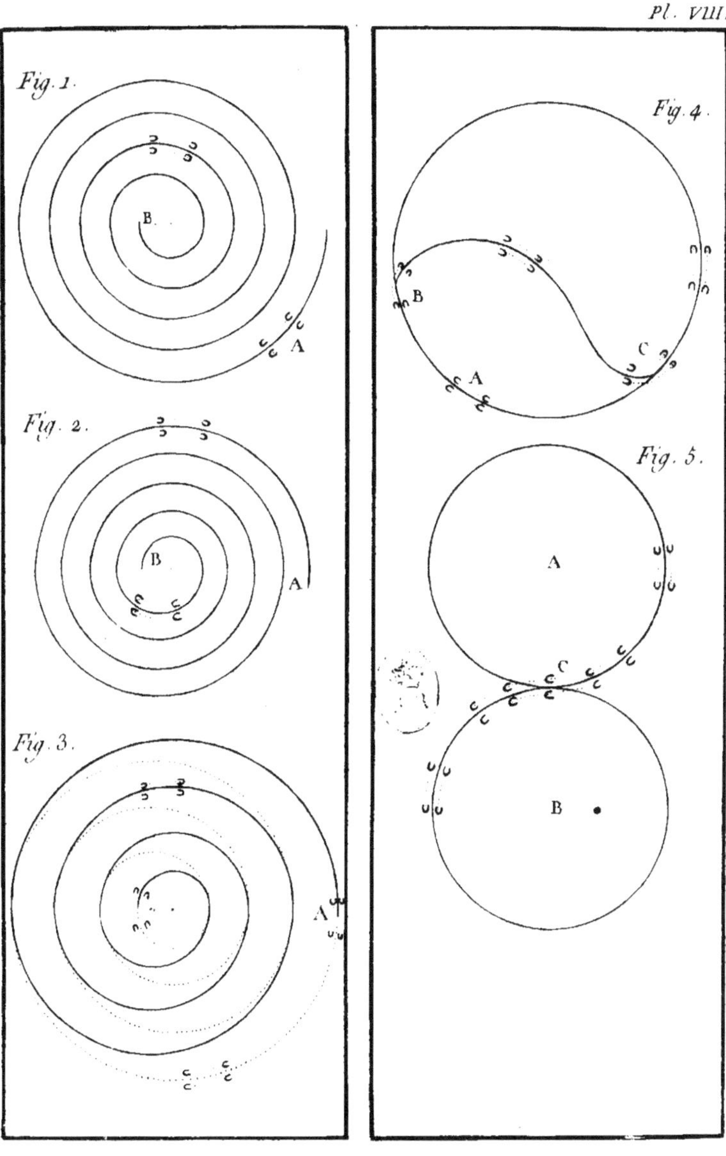

Fig. 1.
B
A
Fig. 2.
B
A
Fig. 3.
A
Fig. 4.
B
C
A
Fig. 5.
A
C
B

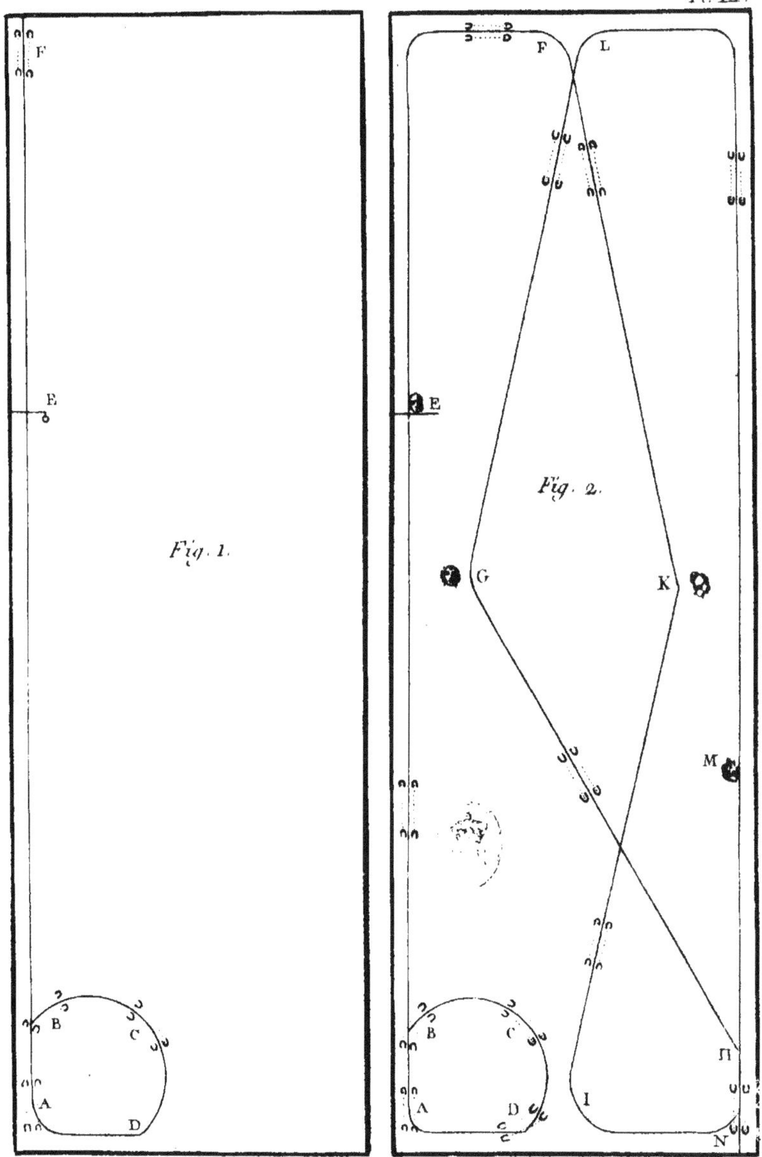
Pl. IX.
Fig. 1.
F
E
B
C
A
D
Fig. 2.
F
L
E
G
K
M
I
H
N